百《ひゃく》折《せつ》不《ふ》撓《とう》

日本の伝統工法「真壁」の木造住宅の
全国展開を実現した創業社長
加納文弘の挫折と再起の人生を辿る

著　近藤昇

カナリア
コミュニケーションズ

目次

プロローグ

「本にしたら面白いと思うな」

いつもの酒の席で、こう投げかけてみた。その理由は単純に〈自分も読んでみたい〉という一心からである。すでに長い付き合いである。お互い創業者同士ということもあり、話をしていても物事の価値観が合うこともそうであるが、私自身が大学で建築学科を卒業した身であり、美味しそうに酒を飲み干している相手が東海地区から全国に展開し、急成長した住宅メーカーの社長であることも長い付き合いの理由のひとつかもしれない。

「それは無理。書くのなんか得意でないし、時間もないよ。それと、学校での成績が今ひとつだった自分が、本を書くというのは抵抗がある」

予想通りの答えが返ってきた。そして、また美味しそうに酒を飲み干している。

加納文弘という男は本当にわからない。長い付き合いになるが、いまだによくわかっていないかもしれない。学業優秀で立派な大学を出て、仕事もできる人はいままでに枚挙に暇がないほど付き合いがあった。その人と話をし、過去の生き様や考え方を聞くと「なるほど」と合点がいくことが大半だった。いわゆる原因と結果がわかりやすく結びつく。ただ、彼はそういう類の人間ではない。どうもわからない。それはなぜだろう?おそらく彼は言語化が苦手であり、極度に照れ屋であるからと私は勝手に決めつけている。過去を一切語らないわけではない。断片的に彼の過去は幾度となく酒の肴にしてきた。家族ぐるみで付き合いもさせてもらっている。一緒に海外へも出向き、そこで多くを語らってきた。ただし、体系的にまとまっていない。だから、ひとつの線で結びたかった。

「小さい頃から勉強は嫌いだったし、いつもクラスのビリ集団の一員だったねぇ。高校に関しては県の偏差値の高くなかった学校のビリ集団。小学校から高校まで、教科書を学校に置きっぱなしで手ぶらで通学していたほどだからね」

彼が話していた学生時代の話を思い出す。そんな彼が住宅販売のトップセールスマンになり、加盟店を100以上も展開する住宅メーカーを創業し、今では東証一部上場（プライム）企業の顧問として活躍している。それはそれで面白い。そのような立身出世を成し遂げる人もいるだろう。しかし、彼の場合、そういう類の人たちと何か違うものを感じるのだ。その照れ屋の性格からか「自分は運がよかった」とまるめこもうとするが、一概にそれだけでないのは確かである。言葉には言い表しにくいが、体系的に彼の経験をまとめていくと、世間の成功者にありがちに使い古され、陳腐化した教訓めいた話ではなく、血の通った生々しい体験とコツを伝えることができるのではないかと思っていた。それこそが、情報に溢れ、選択肢が数多く存在し、どの道に進むべきかを常に苦悩し、延々と自分探しの旅を続ける若者に共感を与えるメッセージにもなりえるのではないかとも感じていた。

「こんな話をすると今の時代、おかしいと思われるかもしれないが、子供の頃の成績の良し悪しで将来が決まるなんてことはない。俺は若者には声を大にしてそう言いたい」

自伝というものは基本的につまらない。それはそうだろう。他人の成功話を延々と語られても聞く側も辟易とする。「若い頃にこんな苦労をしたから今の成功がある」と語るが、そんなことは誰もがわかっている。では、若い頃に苦労しなかった人間は成功しないのか。そんな人生の方程式は成立しないだろう。人間はそんな簡単なものではない。自伝は参考にはなるかもしれないが、時代の変遷により環境も変わる。教訓や自己啓発、ビジネス書も然りで、参考にはなるが方程式にはなりえない。

加納文弘という人間の単なる自伝を作ったところで前述したような単なる古臭い教訓めいた話を紡ぐだけであり、それは面白くない。元々、彼は成功した人間の持つ一般的な『方程式』に当てはまらない。ならば、学生時代に勉強もせず、社会に出て人と出会い、成功し、裏切られ、再起を果たし、そして現在に至るまで、それぞれの局面で何を感じ、想い、考え、行動したのかを知りたいと好奇心を刺激される方は多いのではないだろうか。教訓や成功談を求めているのではない。大袈裟にいえば、学生時代の成績と社会やビジネスにおける人間の評価が正比例しなかった人間の思考と行動を詳らかにしたいという野心的な挑戦ともいえるだろうか。まず何度聞いても、彼の話から使い古された成功の『方程式』なんてものは出てこない。方程式じゃないから面白い。運かもしれないし、彼が小さい頃から培ってきた技や力なのかもしれない。それを判断するのは読者の皆さんでよいではないか。

「なら、俺の話を聞いて、書いてよ。それであれば、喜んで協力するよ」

どうやら、話はまとまった。ただ、難しい仕事を引き受けてしまったのは私のようだ。相変わらず、子供のような茶目っ気のある笑顔で酒をちびりちびり飲んでいる。まあ、こむずかしい話で説明してきたが、要は私が加納文弘という男をもっと知りたいのでよしとしよう。そして、ぜひ若い人にも加納文弘の考え方や行動を知ってもらいたい。『方程式』にはならないかもしれないが、読み終わった後に自然と勇気と元気が出てくるはずだ。

第1章　営業との出会いが劇的な人生の扉を開く

加納家の教育方針

加納文弘という人間を紐解くためには、やはり子供時代に遡る必要があるだろう。加納は石川県金沢市から少し離れた田舎町で誕生した。父親は大工を営むこと以外、特に変わったところのない普通の家庭で育った。しかし、子供に対する教育方針は他の家庭環境とは少し変わっていた。どのように変わっていたのか。加納はこのように語る。

「加納家というのは、他の家庭とは少し違ったものだと思っていた。他の子供たちは家では『勉強しろ』と口うるさく言われているのに、ウチは一切そんなことは言われない。世間一般の家庭とは少し違うと思っていたが、勉強嫌いの自分にとってそれは天国。自由なものでした」

加納家の特異な教育方針の柱には『強制はしない』という大原則があった。家族に対しても父親の会社の職人に対してもそれは同じ。ただ、それは究極の自己責任を相手に突きつけることになり、逆に見れば厳しい側面もある。一方で、人間は自ら興味関心を寄せ、探求心を膨らませることに対しては誰の指摘を受けずとも自発的に動く。そして、苦痛も感じず、全身全霊で楽しむことができる。この生家の教育方針は加納の人生に大きな影響を与えることになる。

スキーへの傾倒、そして希望と挫折

子供時代、嫌いな勉強から解放され自由奔放に過ごしてきた加納も高校に入学し、誰もが辿る道「進路」と対峙する。勉強はまったくできなかった加納にも自負するものがあった。それはスキーだ。雪国で育った加納らしい特技ともいえる。そんな彼にひとつの岐路が訪れる。

「ある時、大学の体育学部に行くチャンスが舞い込んだ。学校の先生が僕を見て、スキーの才能を評価してくれて、推薦してくれるという話になった」

加納はスポーツ全般はよくできた少年であった。その才能がスキーという競技で開花する。石川県下においても彼のスキーの実力を評されるまでにはなっていた。授業の教科書を開くことはなかったが、練習は欠かさず、雪山に通った。そんな彼に舞い込んだ大学の体育学部への推薦。その言葉は加納を舞い上がらせる。支えてくれた家族・友人・先生への感謝の気持ちが生まれて初めて湧き上がる。「続けていてよかった」と改めて実感を噛みしめる。

スキーが将来の道を切り拓く。好きなことは誰に強制されるでもなく夢中になる。そして、技術が磨かれる。その結果、人からも評価され、道は拓ける。大学への推薦に心躍らせる思いだった加納だったが、家長である父親は全く異なる考えをもっていたようだ。

大学への推薦の話は着々と進み、高校の先生が加納の父親へ具体的な説明をするため家を訪問することになった。ここで事件がおきる。せっかく家を訪ねてくれた先生を加納の父親は何も言わずに追い払ってしまった。

「何が起こったかすぐには理解できなかったね。意味がわからない。頭の中は『なぜ?』という言葉をいくども反芻していたよ」

なぜ、父親はそんな行動をとったのか?

加納家は加納が中学の頃、祖母が亡くなって田畑も少しずつ切り売りして、車を買ったり、家を改築したりしていたから経済的に困窮していたわけでもない。もし、そうであれば高校生にもなった加納もさすがに家庭の実情はそれとなくわかるはずだ。しかし、そうではない。舞い上がるような気持ちで自身の未来を描いていた少年は一気に奈落の底に突き落とされた。父親に理由を問うても、元来、口数の少ない男からは加納が納得できる言葉は出てくるはずもない。理不尽な話である。この時から親子間で見えない壁が生まれた。お互いに多くを語らず、沈黙を貫く日々が続く。「他の親は借金してまで子供を大学に行かせようとするのに？」と加納は腑に落ちない。

「おそらく、父親は家業を継いでもらいたいと思っていたし、勉強もしないくせに、大学に行ってまだ遊びたいのか、と父親は思っていたのかも。子供の頃から嫌いなことを強制されるでもなく、自由にやらせてもらったし、それは感謝しているね」

とはいえ、加納にとってみれば消化不良の悶々とした毎日が続く。気持ちの整理もつかないのは当然だ。そして、時は残酷にも刻み続ける。大学への進学を断念せざるを得ない身としては、就職を考えねばならない。父親に対しての恨みつらみもある。そう簡単に、「父親と同じ職業に」と折れたくもない。ただ、就職活動は現実との闘いである。それを加納はいやというほど実感することになる。

進路指導室で見つけた未来

大学への未練がないといえば嘘になる。しかし、現実を受け入れながら加納は就職活動へと舵を切りだす。理不尽な経験は後々の人生の糧になるケースが多い。高校や家庭以上に社会には理不尽なことが降りかかる。しかし、当然ながら当時の加納にそこまで物事を達観して捉える術はない。理想と現実のギャップを受け入れながら、大人への階段を少しずつ登っていくしかない。

早速、加納は校内にある進路指導室へ向かうことになる。加納の通う高校は進路指導室の隣が会議室になっており、よく生徒会の会議の内容が聞こえてきたという。進路指導室の壁は一面、県内外の採用募集情報が張り出されている。壁沿いに並ぶ机の上には企業のパンフレットが綺麗に揃えられて閲覧できるようになっている。その雰囲気はまさにハローワーク。ただ、独特の沈鬱した空気ではなく、若者が心躍らせながら未来を探しにくる、明るい声が飛び交う場だったようだ。募集情報を探す目は、希望に満ち溢れているといえば大袈裟かもしれない。しかし、加納自身も悶々とした気持ちで進路指導室に向かったが、次第にこの部屋の中の募集情報を眺めるにつれ、気持ちは晴れていく。

進路指導室は就職を目指す学生にとって宝探しの感覚に近い。自分が今後、長年に渡りお世話になるだろう就職先の情報が所狭しと並んでいる。その中から自分にとって「これだ！」という情報を探し出す。多くの学生がこの場で担当の先生と情報や意見を交わす。インターネットを使った就職活動が全盛の今ではなかなか味わえない現場感覚ともいえる。この進路相談室での生の情報交換が自身の将来を形づくる大切なプロセスであった。

加納の通う高校は普通科と商業科に分かれ、一学年につき7クラス編成で２００人ほどの生徒が学んでいる。当時はそのうち約6割の生徒が就職を希望していた。残りの生徒たちは大学へ進学となる。加納は就職の選択を余儀なくされたわけだが、進路指導室へ通う日々は自分自身の将来と突き付けられた現実を直視する機会になった。誰もが新しい人生の門をこじ開けるため、悩み、そして決断を迫られた。

「今振り返れば、進路指導室で過ごした短い時間は人生の中で非常に重要な瞬間だった。そこでの選択と経験が、今の私を形作っているのだからね。進路指導室は当時の学生にとって自分の未来を描く場所として、貴重だった。」

進路指導室の壁に貼られた募集情報をくまなくチェックしていく日々。それにしても聞いたことのある企業の名前はほとんどない。加納が通う高校は石川県の中でも田舎といってもよい場所にあるため、そんなものなのかもしれない。地元の中小企業や零細企業の募集情報を眺めながら少し諦めに近い気持ちが生まれていく。進路指導室通いも随分経った頃、ある企業の募集情報が加納の目に飛び込んできた。社名は「ニューハウス工業」。同社は当時、中堅ハウスメーカーとして住宅業界で急成長企業として注目されていた。大工の倅(せがれ)として育ってきた加納がこの募集情報に自然と反応するのは頷ける。自身のルーツと将来の歯車がカチッと噛み合った瞬間だった。

「ここなら勝負できる!」と加納は感じた。

しかし、ニューハウス工業への就職は平坦な道のりではない。成長企業で注目度も高いということもあり、人気があることはもちろん、学校で推薦を勝ち取っても、その後に試験と面接というハードルが待ち受ける。

「たしかその年のニューハウス工業は大卒の採用が12人、高卒は8人だったかな。特に高卒に関しては、すべてが工業高校出身で技能レベルが高い者を求めるという厳しい現実があった。しかも、我が高校から1人だけの推薦枠、それも実は同社の社長の母校だったため、枠を入れていただけるよう進路指導の先生がお願いして獲得した枠だという噂もあったくらい」

「これはちょっと難しいか…」と加納もさすがに考えた。限られた採用枠でハードルは低くない。ただ、自身が諦めの悪い人間であることは当時の彼も自負している。進路指導を担当する先生と密にコミュニケーションをとりながら、ニューハウス工業への入社を実現させるため着々と計画を練る。結果、その狭き門を突破し、加納は同社の就職を果たす。18歳の少年が人生の岐路に立ち、決断をし、そのハードルを超えた瞬間である。

それはひとつの契約から始まった

ニューハウス工業へ入社した加納は、1年の工場勤務の後、営業職を希望する。勤務先は故郷・石川県を離れ、名古屋営業所だった。そこでまず現場監督の見習いとしてキャリアをスタートさせた。当時の新入社員は、高卒が1年間、大卒は3か月間、まず工場で働いて各営業所に配属される。高卒である加納は1年間の工場勤務を終えた後、配属希望のアンケートで営業職、それも自ら名古屋営業所の勤務を希望した。「田舎にいたくない」という気持ちを抱く19歳の1人の青年の気持ちは痛いほどよくわかる。大志を抱き、都会で活躍する自分の姿を投影する。この時代は誰もがそうだった。

会社側も加納の希望を受け入れ、加納の名古屋での仕事が始まった。現場監督とはいえ、加納は19歳。次の先輩は30歳近い年齢。扱いは「小僧」になるのは仕方ない。目まぐるしいスピードで過ぎる毎日。覚えることが山積する中、加納はなんとか喰らいついていく。

希望している営業職のことも考える。「家を売る」と言葉では簡単に聞こえるが、20歳そこそこの若造が数千万円もするものを売れるのか。当たり前だが、加納も自信なんてない。そもそも営業なんて務まるのか。なにをどうすればよいのか？本当にやれるのか？そんな自問自答の毎日を過ごしていたある時、現場監督として通い詰めていた現場の隣に住むお爺さんから声を掛けられた。

「加納君、家を建ててくれや」

加納も最初は目の前のお爺さんが何をいっているのかわからない。加納は現場隣に住むお爺さんとよく立ち話をする仲だった。加納も話をするのは嫌いではない。毎日、何気ない世間話を交わしていく中で、ある日、「家を建ててくれないか」と依頼が舞い込んだのだ。驚き慌てた加納だったが、お爺さんが本気であることを確認し、会社に報告し、無事契約をまとめた。名古屋営業所では「現場監督が注文をとってきたぞ！」と高い評価をしてもらった。営業を本格的にスタートする前に、契約を獲得したのは後にも先にも加納くらいなものだろう。ただ、この契約が加納の人生を決めたといっても過言ではない。それくらい加納にとって、今でも脳裏に焼きついた記念すべき契約であった。

ドラマチックに、自らの未来への道をこじ開けた形となった加納だが、名古屋営業所の営業職は想像以上に過酷なものだった。例えば、課長に連れられて春日井市のニュータウンへ行き、指定された棟から棟へ、一軒一軒飛び込み営業を行う。朝から晩まで、断られても何度もドアをノックする。「こんなことやってられない」と弱気になることも度々であった。しかし、それでも気をとりなおし、前向きに働き続けた。営業では、現場監督時代の経験がおおいに生きた。特にコミュニケーション力が武器になった。営業の世界に入り、加納は自身の強みと個性を最大限に生かしながら水を得た魚のように、生き生きと活動を続けていく。

「振り返れば、名古屋支店での生活は濃密で宝のような時間だった。そこで学んだこと、経験したことは、今の自分を形づくる貴重な糧となり、人として、そしてプロフェッショナルとしての土台を築いてくれた。それに今思うと、大学に行っている4年よりも、この経験は価値があったと思う」

生徒会で学んだリーダーシップとコミュニケーション

加納の名古屋における営業成績はその後も右肩上がりで伸び続ける。営業の才能が一気に開花したのだ。月1件の契約をコンスタントにあげてくるので、業績を気にする上司から覚えがめでたい。他の社員からも羨望のまなざしを向けられる。入社して6年目、若干24歳の時、彼は200名を擁する営業メンバーの中でついにトップの座に輝いた。全社員が集まり、年に一度開催される表彰式の場で彼は営業トップの称号を手にしたのだ。その場で彼は「本社から一番遠いところの俺に負けてお前たち恥ずかしいと思わないのか！」と声を大にして他の営業メンバーに発破をかけるまでになる。

「生意気だったね。この発言には少し後悔しているんだよね…」と本人は振り返るが、当時は血気盛んな若手ナンバーワンの営業である。加納自身もその達成感と熱い想いがそのまま言葉になってしまったのだろう。

大学進学断念の挫折から高卒での就職、そして営業での輝かしい成績をおさめた加納だが、そこまでの成功要因はやはり学生時代にあると語る。

「学生時代、実は生徒会長を務めていた。その時の経験が本当に役に立った」

前述した通り、加納は勉強嫌いで成績も悪かった。それでも生徒会長を務めていた。その際に会議室で繰り広げられる議論。それを着地させるためにはリーダーシップとコミュニケーション能力が求められる。うまくいかないことも数多くあったし、意見が対立し、議論がまとまらないことも多かった。それを仕切るリーダーシップとお互いに信頼を拠りどころにして語り合うためのコミュニケーション能力を悩み多き学生時代に磨いてきたことがニューハウス工業での仕事の土台を形成することになった。見習い現場監督時代を振り返っても、加納が近隣住民とうまくコミュニケーションをとることができたのも、この生徒会長時代に鍛えられたスキルといえる。結果としてそれが記念すべき初契約にも繋がる。

「住宅会社の営業の仕事はお客様との対話を繰り返し、信頼関係を構築することが何よりも重要だからね。この大半を占めるのはコミュニケーション能力だと思う」

加納が「学校の成績が悪くても悩むな」と言い切れるのは、この原体験があるからだろう。教科書に載っていることが人生のすべてではない。むしろ、人生における成功のポイントは学校の教科書には何も書かれていない。学校生活は教科書以外で学ぶべきことはたくさんある。加納にとってそれは生徒会での経験であり、その経験が社会に出てから武器となった。初契約のお爺ちゃんとの出会いも、加納が知らぬうちに身につけていた能力がもたらしたものであろう。そう考えると人生も面白く感じられるのではないだろうか。加納の人生は過去と現在と未来がうまい具合に線として繋がることが多いから興味は尽きない。

第2章　加納文弘の原点

勉強のできない生徒会長

前章では加納の就職までを駆け足で辿ったが、ここでふと疑問が湧いてくる。そもそも、あれほど勉強嫌いの加納がなぜ生徒会長になれるのか？

「学生時代の成績は常にビリの方だったね」

これは加納の口癖だ。当然、学生生活もスポーツと遊びが中心だろうと思っていたが、昔話を聞いて驚いた。中学生と高校生で生徒会長として活躍していたからだ。成績はビリ集団、でも生徒会長？一般的な生徒会長像とはかけ離れている。一体、そこに何があったのか？まずは加納の中学生時代を遡りたい。

懐かしい田園風景が広がる石川県の田舎町に加納の通っていた中学校はあった。当時、1学年5クラス編成で全校生徒は500人ほど。転機が訪れたのは中学2年生のときだ。学校の生徒会長どころか学級委員とも無縁の生活を送っていた加納だが、週に1度の道徳の時間が加納の学生生活を大きく変えることになる。あるとき、担任の先生が「この時間で来年前期の生徒会長の立候補者を決めてくれ」と発し、教室から出て行ってしまった。突然の課題にクラス全体がざわつく。

どこのクラスにもお調子者がいる。「加納やれよ!」と言い出した。それにつられクラスのあちこちで「加納でいいんじゃない」「加納だよな」という声が上がる。最初は、当人としては真顔で「ふざけるな!」とその無責任な声に腹をたてていたが、やがて「まあ、皆が言うならやってみてもいいかも」と心が傾き始める。結局、加納は2年5組の立候補者として名乗りをあげることになった。

ほどなく、教室に戻った担任の先生が「誰に決まった?」とクラスの生徒に問う。

「加納に決まった」と生徒のひとりが答えた瞬間、先生は目を見開いて「真面目にやれよ。大事な時間だからふざけるな」と怒りだした。

もうひとりの生徒が「みんなで決めたことなんです」と先生を説得する。

先生も「まあいいわ、どっちみち落選する」と言い放ち、教室を後にしたという。

さて、自分の意志とは異なるところでなかば強引に立候補者にまつりあげられた加納だが、いざ立候補して選出されるものなのか。数日後に体育館に全校生徒を集め、応援演説会が開かれた。当然、緊張する。ステージに上がった加納は、そもそも話すことがない。クラスの皆がからかいついでに決めた候補者である。ただ、加納には先生のあの捨て台詞が忘れられない。『あの言い方はないやろう』と反芻しながら、立候補までのいきさつを壇上で話し始めた。すると、体育館中が大笑いとなり、想像もしない反応が返ってきた。

「いや、その笑いが自信になったんだよね」

加納はあることに気づいた。自分はただ、壇上で追い込まれていた。話すことがないから仕方なく、先生への恨みも込めて本音で話したつもりだ。一生懸命話をしてみた。すると、全生徒が自分の話に耳を傾け、笑ってくれている。それが嬉しかった。結果、加納は他の候補者を押しのけて見事、生徒会長の座を射止めた。もちろん、流暢な弁舌だったわけではない。それでも、本音で話しかければ相手の心を動かせるということを、彼はその日の想定外の結果をもって体験できた。これは加納の人生において大きなエポックメイキングな出来事だった。

生徒会長となった日、帰宅すると、自宅の横に隣接する小さな大工小屋で、父親が仕事に使う木材を切っていた。そのまま何も言わず、木の香りと機械の音が混ざり合う中、父親の横で手伝いをする。もともと、大工仕事は好きで、父親からも幼少の頃から手伝ってくれと頼まれていた。加納の父親は大工としては厳しい一面があったが、加納自身の学校での成績に対しては一度も気にしたことがなかった。常に「勉強ができるか、できないかは人間には関係ない」と加納に言い聞かせていた父親である。加納も父親の前で学校の出来事を話すことはなかった。

そこへ突然、悪友たちが自宅に遊びにやってきた。父親と一緒に大工仕事を手伝っていた加納の背後から悪友たちがこう叫んだ。

「加納の親父！加納が生徒会長になったんだよ」その言葉を聞いた父親は少し困ったように顔をしかめた。そして、偶然にもそのとき、向かいに住む校長先生が帰宅した。父親はこともあろうに校長先生に向かって、

「先生、ウチの息子が生徒会長とは、この中学校も随分と落ちたものだな」と言い放った。

加納は驚くと同時に、少し誇らしい気持ちを抱いたという。「人間を一言で定義することはできない」と信じていた父親の子供として、勉強の成績だけで人間は決めることはできないということを体現したわけである。褒めたたえる一言がなかったのは少し寂しかったが、加納にとって忘れられない日となった。

前述したように、高校に入っても加納は生徒会長に選ばれている。ところが、あいもかわらず勉強嫌い。スキー三昧で教科書はまともに開くこともない。そんな加納の生徒会長時代の逸話を紹介しよう。

高校も卒業式の準備を迎える頃、事件が起こる。卒業式の答辞を読み上げるのは生徒会長であるが、古典の先生が突然

「なんで加納に読ませるんや！」と難癖をつけてきた。

実はそれには根が深い経緯がある。2年生の頃、勉強嫌いの加納は古典のテストをすべて白

紙で出していたのだ。本人としては古典の単位を落としても進級できるとわかっていたし、担任の先生にも念のため確認したら「そりゃ、進級はできる」と言われていた。しかし、古典の先生はそんな加納の勉強の態度に納得いかない。更に、これが生徒会長だからなおさらだ。「こんな不真面目な奴が答辞を読み上げるのはおかしい」ということ。こんなすったもんだの様子を横目で見ていた担任の先生が「決まっていることだし、仕方ないでしょう」と古典の先生を諌めてくれた。勉強は嫌いだし。成績も態度も悪い。でも、生徒会長を務めるというアンバランスな生徒が加納であった。先生たちも扱いに困ったことは想像に難くない。

加納家の横顔

風変わりな学校生活を送ってきた加納だが、それは父親の信念、考え方に影響を受けていたことは否定できない。そして、加納の両親が養子であることも少なからず子供時代からその影響を与えていたはずである。父親の元の苗字は池田、母親のそれは小林である。子供の頃からこの話を聞くにつけ加納は不思議に感じていた。しかも、養子のことは両親から直接1度も話を聞いたことはない。その事実は親族から伝え聞いたものであった。

池田や小林の苗字すらも両親から聞いたことがない。しかし、両親はよく「もう加納の人間なのだから」とお互いの会話の中で漏らしていることはあった。加納家は子供がおらず、近隣の田畑を持ち、そこに加納の両親が養子として入ったのだ。ただ、この事情を知らない人が「加納家を乗っとりよった」と陰口を叩くこともあったそうだ。現代では浮世話のように聞こえる話だが、昭和20年代から30年代の田舎ではよく聞く話であった。

加納が中学生の頃、祖母が亡くなった。その後、父親は所有していた田畑を手放した。元々、大工であった父親にとって田畑の所有は祖母が亡くなるまでの暗黙の約束だったのかもしれない。それとも、実際に祖母とそのような約束をしていたのか。そこはわからないままだ。ただ、加納自身、この『両親が加納家の養子』という事実は、彼自身の物事の考え方、価値観に大きな影響を与えた。

養子縁組の慣行は珍しいものではない。古くから多様な局面でこの慣行が利用されている。例えば、昔でいえば家督相続。跡継ぎがいない場合に養子縁組をおこなう。児童施設の子供を養子に迎えるケースも現代でもある。これは子宝に恵まれない夫婦と幼い頃から両親のもとを離れての生活を余儀なくされてきた子供を結びつけるものとして定着している。加納の両親はどのような事情で養子という道を選んだのだろうか。家のための事情なのか。両親自体が養子を選択せざるを得ない事情があったのか。これを紐解くには、両親の元々の池田家、小林家の当時を振り返る必要がある。

まず、父親の池田家の状況である。父方の祖父はやはり大工の仕事に就いていた。だが、当時としては非常に珍しく、裕福な一家ではなかったが、兄弟たちはみな大学に進学していた。一番上の兄は当時の国鉄に就職。一番下の弟は大学卒業後に県の職員となった。だが、父はその中で唯一、加納家への養子となり、石川県の田舎に向かうことになった。

「自分だけがなぜなのか?」

まだ厳しい家父長制が残る時代だ。池田の祖父に背き、自由に奔走することもできたのでは、と考えるが、時代と父親の性格がそうさせなかったのだろう。ただ、養子となった後もその一事は父親の中に暗鬱としたどす黒い感情を生み出し、心に深くこびりつくことになった。

一方、母方の小林家はどうか。母方となる小林家の祖父は専売公社に勤務していた。母親の弟は非常に学業優秀であり、大学進学が難しい時代に進学を果たした。そんな家庭で育った母親は養子に出されることになった。

「加納家の門をくぐった後の母親は厳しい環境だったみたい」

加納は昔話のおりにこう漏らす。加納家の祖母は大変厳格な性格であった。母親は畑仕事を手伝わされ、その度厳しい仕打ちにあっていた。母親にしてみても「なぜ自分が？」と疑問を抱きながら養子にきて、そして祖母の顔色をうかがう生活を送る。そこにも暗い感情が宿っていたと思うのが普通であろう。更に、当時父親は麻雀に夢中となり、家を空けることもしばしば。自然と夫婦仲もこじれていった。

父親の麻雀で加納が忘れられない出来事がある。

石川県の田舎町には娯楽は少ない。当時、近所づきあいの延長で男が集まり、夢中になって興じていたのが麻雀だった。ある月曜日の朝、加納は母親に「雀荘に行ってこい」と申しつけられる。父を連れて帰ってこいというのだ。父親が麻雀に夢中になっているところには行きたくない。加納は正直な気持ちをしまいこんで、重い足取りで雀荘へ向かった。雀荘で卓を囲んでいる父に伝える。「親父、もう帰らないと母さんが怒るよ」。その瞬間、加納の足下に百円玉が転がっている。父親が続けて言う。「これ持っていけ」。当時の百円は今の価値とは違う。非常に高額だ。仕方なく百円玉を持って家に戻り、加納は母親に手渡した。すると母親は今度、加納に再度百円玉を持参させ、雀荘に向かわせた。『この百円を返すから帰ってこい』と言い含めて。雀荘に到着すると怪訝そうな顔で加納を見る父親に母親の台詞を伝える。「ふざけるな!」と一喝され、わけもわからないまま家へ戻る羽目となったのだ。

常日頃から加納は、眉をひそめながら麻雀に夢中になる父親を見つめていた。加納の祖母から厳しい扱いをされていた母親の気持ちが痛いほどわかる。しかし、今となって養子の話を聞き、改めて両親の姿を見つめると、違う色彩が帯びてくる。両親ともに望んで加納家に養子にきたわけではない。当時の時代の慣行に身を任せ、やるせない気持ちを抱き続けていた。そして父親と加納家の祖母から厳しい仕打ちを受け、諦めの境地に近い感情を持ち続ける母親。幼少期から、この複雑な家庭環境の中で育った加納にとって、大人の所業はわからないことばかりであった。

しかし、今となっては父親が祖母の田畑を手放した理由もおぼろげながらわかるような気もする。「人間は学校の成績で決まるものではない」と言い続けた父親が本当に何を言いたかったのかもなんとかく理解できるような気がする。家の事情に翻弄された父親にとってみれば、いくら学業優秀であっても成績などは人間の値打ちをはかる上でなんの価値も持たないと悟ったはずだ。それであれば、手に職を持ち、与えられた務めを果たすことが大切なことであると加納に伝えたかったのだろう。大学進学を勧めにきた高校の先生を追い払った父親の行動は、かつての自分の境遇と重ね合わせた結果といえよう。当時の加納には、そのやるかたない胸の内を推し量る術は当然なかった。一方で、この両親と祖母の複雑で微妙な関係性が加納のある能力を著しく成長させた。それは、加納が中学生・高校生時代、そして就職後に真価を発揮する、人間関係を円滑にするためのコミュニケーション能力だ。

罪ほろぼしの朝起会

加納の生まれ育った故郷には「朝起会」なる集まりがあった。これは主に主婦など女性の方が参加するものとして地元では定着していた。この朝起会の目的はなにか。会は朝の5時から始まる。そこでは女性たち中心に互いが助け合い、叱咤激励をする場と考えてよい。例えば、家庭での失敗や過ち、夫の行動などを暴露する。一種の共同体としての儀式で、地域社会の結束を強めていった。この活動自体は一般社団法人「実践倫理宏正会」が母体となり、全国に広がった。同会の活動内容は「自分も人も共に仕合わせになるためのノウハウを学び合い、生活を改善し、数限りない仕合わせな家庭を実現しながら、今日に至りました」と記載されているように、集まる人々が互いに協力し、アドバイスや知恵を学び合う。その身近な場として朝起会が活動の中心として存在している。実は加納はこの朝起会に参加している。ただし、参加するきっかけは、加納らしい理由があった。

朝起会に参加していたのは加納が高校の頃。土曜日は友人と夜更かしして家に帰らず、酒は飲むわとそれこそ悪行の限りであった。あるとき、友人と遊んで翌朝家に帰る予定であった。日曜日の朝だ。このまま家に帰り、寝てしまうと朝起会から帰ってきた母親に怒られるのは間違いない。それは避けたい。ならば、朝起会にそのまま参加しようと考えた。朝起会には姉も加納と似たような事情で朝帰りで母のとなりで参加していた。加納は母親と姉の傍らに座って皆の話を聞いていた。
加納と姉は人前で話をすること自体は苦じゃなかった。朝起会に集まっているのは近所で見慣れた人も多い。次第に会で話をするようになる。すると「立派だ」と褒められる。会に参加する子供自体も少なったから、褒められるのも頷ける。参加している母親も悪い気はしない。これはこれで加納の作戦は見事に成功した。

会で話を聞いていると高校生の加納でも「人間は生きていると色々なことがあるんだ」と思わされる。日頃、なかなか話せない身の上話を勇気をふり絞って話をしている人。旦那さんとの不満を話し始める人。そんな話を聞いていくにつれ皆がこの会に集まってくる理由もわかってきた。「そんな我慢して大変やったろ」と声をかける人やアドバイスをする人、皆が1人のために知恵を絞りだす。

「参加する人たちは勇気をもらえたんだろうね」

加納が朝起会の経験で知り得たことは、人はつながりを求めていることであった。お互いに励まし合う。その小さなやり取りが支えになる。そして、人生をも変えていくものである。人と人のささいなやり取りを大切にすることを自然と学ぶことができた。思い出して欲しい。加納のニューハウス工業における初契約のときのことを。見習い現場監督だった加納が近隣住民との小さなコミュニケーションを大切にした結果であった。加納は因果関係を否定するが、その才能の芽は朝起会の経験も後押しとなり開花したのだろう。

加納と2人の姉

加納には2人の姉がいる。長女の弘子と次女の幸子である。長女の弘子はずばぬけて学校の勉強ができた。石川県内の商業高校に通っていたが（家庭的に普通科などに行かせてもらえない）、常に成績はトップクラス。加納は弘子の通信簿を見たこともあるが、弘子の通った商業高校の通信簿は100点の評価基準であって「100点満点の科目がいくつもあった」と記憶している。ただ、加納が振り返っても父親はそんな学業優秀な子供がいても何も変わらない。思えば思うほど、おかしな親だ。例えば。弘子が夜に居間（子供部屋がないからしかたない）で勉強していると、父親が帰ってきた。すると、鉛筆削りを座卓にたたきつけて「そこは俺の場所や。もう寝ろ」と言い放つ。そんな父親の態度を見て、母親は泣き崩れる。それを傍で眺めていた加納は、怒りや悲しみよりも「あ、この家にいる限り、勉強しなくていいんや」と、都合よく解釈していた。逆にそこまで楽観的に物事を捉えないと、耐えられない環境でもある。実際、そんな家庭環境だから加納も小学校から高校の間、一度も通信簿は親に渡したことはなかった。

弘子は、加納の学生生活においては唯一の恩人である。高校時代にスキーに夢中になっていた加納には悩みがあった。それはスキーをやるには金がかかるということである。当時、スキーは金持ちのスポーツである。スキーウェアもスキー板も高価であり、当然、加納は両親に頼み込んでみたところで、その願いは一蹴されることはわかっていた。そんな加納を見て、弘子がスキーウェア（セーター）を編んでくれた。手芸が得意だった弘子はウェアとグローブ（軍手だが）を編んでくれた。グローブには加納のイニシャルが刺繍されていた。残るスキー板を幼い頃からの友人から譲り受けることができた加納はスキーヤーとして雪山に立つことができた。今でも加納はこの恩を忘れない。弘子は、加納にとってはスキーという夢の扉の前まで連れて行ってくれた大切な姉であった。

そして、不思議な姉が次女の幸子だ。幸子も加納同様にまったく勉強はしなかった。勉強を頑張る長女弘子に対する父親の仕打ちを見ていると、勉強すること自体がばかばかしくなるのかもしれない。ただ、まったく勉強していないはずの幸子の方が常に加納より成績がよかった。この幸子は加納から見ても変わった姉である。ある日、幸子のせいで、共に通う高校で酷い目にあったことがあった。

古典の授業中、女性の先生が加納に向かって

「お前は見るからに汚らしい。そしてお前の姉も」と言い放つ。

「なぜ、突然こんな酷いことを言われなければならないのか。何が起きたのか?」

加納は色々と思い起こしてみるが、そんなことを言われる理由は何も見つからない。高校は共学であり、女子生徒もクラスに半分在籍している。しかし、彼女らの前でそんなことを先生がわざわざ言い放つ必要ないだろ…と憤慨もしていた。帰宅して姉に、この顛末を話してみた。少なくとも「そしてお前の姉も」と言い放っているのである。きっと姉も一緒に憤慨してくれ

るはずと思っていた。ところが、話を終えると幸子は「あー」と原因も理由もわかった表情で「腹が立ったからあの先生に『お前なんかもてんし、一生独身だわ！』といってやったんだ」と得意げに話す。加納はしばらく姉の顔を見ながら放心したままだった。「お前のせいで恥かかされたんじゃ！」と心の中で叫んでいたが、幸子の得意げな顔を見ていると、なぜか文句も言えなかった。

次女の幸子の思い出はまだある。やはり、性格も一癖あり、自分以上に変わった人間であるが魅力的でもある。自分の姉ながら、面白い人間であることは間違いない。

加納が20才になった頃、幸子はなんと金沢の繁華街でスナックを経営していた。しかし、父親には内緒だった。ちょうど、加納が5月の大型連休の際に名古屋から里帰りしたときのことだ。実家に帰り、父親と顔合わせると顔が腫れあがっている。

「一体なにがあったのか？」と訝しみながら、離れにある幸子の部屋に行くと階段が壊れている。さすがに父親に理由を聞かないといけない。「どうしたんや？」と聞くと「幸子にやられた」と父親が答える。何が起こったかまったくわからない加納は幸子本人に事態を確認する。すると幸子は「親父に殺されそうやったもん」と。理由を聞くと、真相はこうだ。幸子が父親に金沢でスナック経営していたり、コンパニオン派遣の会社を作ったりしたことを初めて話をした。するとと当然ながら父親は憤慨して激怒しだした。

「そんなことやっていたらやくざ者に目をつけられて酷い目に遭わされるかもしれないぞ!」と。そこはうまくやり過ごせばよいものを、幸子も売り言葉に買い言葉で返してしまった。

「なんで?別にいいじゃん、減るもんでもあるまいし」そうなるとお互いに止まらない。取っ組み合いになったとのことだ。父の怒りはおさまることなく、幸子の部屋に上がる階段を壊してしまった。

加納が独立した後、親族一同で顔を会わせる際も幸子との会話は今でも楽しい。「幸子は商才があった」と加納も認めている。日本がバブル経済へ向かう好景気ということも重なり、幸子はスナック経営やコンパニオン派遣で成功した。

一方、長女の弘子は高校卒業後、野村証券に入社して公務員と結婚した。学業もそうだが、社会に出てからも異なる道を歩んでいる姉弟だが「まるで血がつながっていないみたい」と加納も笑いながら振り返る。商売人の幸子と加納から見ると、弘子の堅実な人生は確かに血の縁を疑わせるくらい不思議なものに見えるのかもしれない。この対照的な姉2人と共に加納は幼少期と思春期を過ごし、さまざまな影響を受けながら大人へと駆けあがる。特に幸子の存在は加納の考え方や生き方に大きな影響を与えていることは間違いない。逆に弘子からすると商売をする人は好きになれなかったのだろう。

制服のない子供

話は加納の小学生の頃に遡る。この頃の話を聞くと「いじめられていたと思う」と驚く一言が返ってくる。その理由は自身の身なりにあったという。母親が大切に保管していた小学校のアルバムを開くとクラスに1人だけ制服でなく私服の子どもが写っている。それが加納である。他の生徒は制服を着ているが、加納だけが常に私服。それだけでなく靴下も履いていなかった。いつも同じ服を来て、まわりから汚いと思われ、いつしかそれがクラスで避けられるようになる。子供時代によくある話だ。ただ不思議なのは加納がそのことで過剰に心を悩ますことがなかった点である。

「いじめられているという自覚はなかったなぁ。そういう身なりだし、今から考えるとそれは仕方ないと思うこともあるよね」

本人にとって暗い思い出かと思いきや、意外とあっけらかんと答える。アルバムの写真を見ると、皆、綺麗な制服に身をまとっている。加納は自分の家が貧乏で制服が買えないことも小学生ながら理解していた。子供にとっては不条理な出来事だ。しかし、加納は

「恥ずかしいと思ったことがない。少なくとも当時は」と言い切る。

不思議な子供であることは間違いない。

この不思議な加納少年を育てたのもやはり加納家である。その一端を垣間見ることができるのは、前述した弘子お手製のスキーウェアの話に行き着く。学生時代の写真の中に弘子が編んでくれたスキーウェアを着て、笑顔でポーズを決める加納がいる。彼は子どもの頃から家庭を含めたまわりの環境を受け入れることができる不思議な少年だった。綺麗な身なりをした子供

がまわりにいても、自分だけが違うということもなんとなく受け止めることができた。

「うちは貧乏だから仕方ない」と思える子供はほとんどいないだろう。しかし、加納はそう思えたからこそ、恥ずかしいという感情を抱くことはなかった。弘子のお手製スキーウェアは彼にとってはどんなブランド製のウェアより嬉しかった。そうでなければ、雪山でこんな笑顔は出てこない。言うなれば、環境を受け入れる力が卓越しているのだろう。それが、社会人になり、やがて住宅会社を起業し、大成していく礎になっていることは想像に難くない。

第3章　新天地で始まる起業物語

名古屋から浜松へ

高卒で入社したニューハウス工業で飛びぬけた営業成績を叩きだしてきた加納だったが、年に1回は石川県の地元へ里帰りを欠かさなかった。帰省するたびに地元の旧友と飲み交わす。その際に「加納、帰ってこいや」と誘われる。後ろ髪引かれる思いで地元を後にして、名古屋へ戻る。名古屋での仕事も順調だが、やはりスランプに陥るときもしばしばあった。営業で忙しく飛び回る毎日を過ごしていた加納だったが、「もう名古屋はいいかな」と思うことが多くなった。田舎に戻ったときの旧友たちとの楽しいひとときを思い出す。故郷が恋しくなったことも重なった。あるとき、名古屋の営業所所長のもとに「そろそろ金沢に戻りたい」と直訴した。営業成績優秀な加納を手放すのは所長としても心苦しい限り。考えておくと言った所長の代わりに、なんと社長からこう提案された。

「浜松に営業所があるんだが、行ってくれないか？」

「浜松?地元に戻りたいのになぜ浜松なんだ?」と怪訝に思う加納だった。

浜松営業所はまだ2~3人で切り盛りしており、即戦力が欲しいという状況。とはいえ、「また見知らぬ土地で走り回らなければならないのか…」と悩んでいると、浜松営業所所長が加納と同郷であると知る。加納の実家から4~5軒隣に住んでいたという。なんという偶然だろうか。このまま地元に戻っても逃げて帰ってきたと思われるかもしれない。それに、所長が同郷でアットホームな雰囲気だし、浜松で改めて挑戦してみてもよいかもしれない。加納は名古屋からはるか東にある浜松での生活を思い浮かべてみた。そして、加納は会社からの浜松営業所の転勤を受け入れた。この時の決断を加納はこう振り返る。

「今、思うとあのときの決断が人生を大きく変えたのかも」

浜松に移った加納は、やはり変わらず営業に明け暮れる毎日だった。昔の営業は今と異なり、とにかく体力勝負。夜討ち朝駆けは当たり前。週1回の休みの日も休むことなく、浜松中を駆けまわった。すでに結婚していた加納は、当然、家族サービスもままならない。家族で出かけることもほとんどなかった。

営業で疲れた体を引きずりながら街を歩いていると、1件の募集広告が目に飛び込んできた。広告主は、浜松が生んだ世界的な大企業であるスズキ自動車だ。どうやら浜名湖西岸に四輪車の工場を建設中とのことで工員を募集している。条件を見て、加納は驚いた。三交代制で3日勤務したら1日休みとなり、月40万円の給与だ。休みは今より良いし給与の条件ははるかにいい。「これはいいな…」と加納は思った。なにせ体力だけには自信がある。

「やってみよう」と決意したのは加納が29歳の頃。厳しい寒さに見舞われた1月、面接に応募し、採用されることになった。4月1日からの勤務が正式に決まり、早速、ニューハウス工業・浜松営業所に辞表を提出する。引継ぎもあると考え、2月20日には辞表を提出すると、すぐに本社から連絡があった。「明日から出社しないでよい」と。今の時代であれば考えにくい、それこそ恐ろしい話である。実は加納は辞表を出す前日にも1件契約をしていた。しかも直近で5~6件の契約したお客様がおり、フォローが必要と考えて、はやめに辞表を提出したのだが、会社の方は大丈夫なのだろうか?そんな一抹の不安はあったが、逆に新天地に勤務開始となる4月1日までは時間の余裕ができた。

お客様対応で心配がよぎった加納だが、ニューハウス工業からそれなりの退職金を受け取り、考えた。「この機を逃がしたら海外に行く機会は訪れないな」。加納と妻、そして2人の子供を引き連れ、オーストラリアのゴールドコーストへ旅行に出かけた。高校を出て就職して以来、ここまでゆっくりできた休暇はなかった。航空券だけでも当時の金額で100万円近くかかってしまったが、この休暇は加納にとって疲れ切った体を癒す最高のリハビリとなった。ゴールドコーストではサービスアパートメントを借りて、1カ月近く滞在することになった。

ゴールドコーストで休暇を楽しんでいた加納のもとに浜松から突然連絡があった。浜松営業所所長の林司朗だった。「よくわかりましたね。」と驚く加納に開口一番、「会社を辞めることにした。加納、一緒にやらないか?」。林は新しく立ち上げる会社についてこと細かく説明をする。電話を終えると加納の心がまた揺れる。営業には自信があるし、これから契約をとれば自分たちにそのまま報酬として還元される。スズキ自動車という新天地に対する関心が薄れていくのを加納も実感した。

「やっぱり住宅で勝負しなきゃいかんかな」と思い直した。

帰国するとすぐにスズキ自動車に連絡し、入社を断ってしまった。

林と立ち上げた会社はニューハウス静岡である。ニューハウス工業社長である村上と林は昵懇の仲であり、林が独立すると聞くや浜松の撤退を決めた。代わってニューハウスの看板を林に譲ったのだ。ニューハウスのネームバリューもあり、契約も順調に伸び続けた。初年度から黒字達成を果たし、事業は順調に成長を続けていた。

真壁造りへのこだわり

1991年に創業したニューハウス静岡の業績は堅調に伸び続ける。加納は昼も夜もお客様のもとに足繁く通い契約を獲得していった。お客様の要望に応じた家を建てていくという日常の中で、加納はふとある疑問が沸いてきた。

「家の造りって不思議なんだよね。昔は真壁造りばかりだったのが、次第に大壁の造りに変わっていった。日本の古い建物はほとんど真壁造り。国宝級の神社などもみな真壁造りなんだよね」

真壁造りはいわゆる『柱が見えている』造りである。今でも田舎にいくと真壁造りの家が多く存在している。一方、大壁造りは『柱が見えない』造りである。ボードや合板で柱を納めて、クロスなどの内装で仕上げていく。現代においてはこの大壁でつくられる家が主流といってよい。加納は契約を獲得すればするほど、この疑問が膨らんでいき葛藤の日々が続いた。

「日本人として木の家に住むなら、真壁造りなのではないか」

もちろん、大壁造りが主流になった理由はある。建築コストもさることながら、耐震性・耐久性・気密性・断熱性が求められる昨今の住宅事業を鑑みると、大壁造りが主流になるのも頷ける。ただ、生来のへそまがりである加納はその理由だけでは納得できない。

「日本の住宅は昔に比べて本物ではないのではないか。本来の木のぬくもりを感じることのできる家づくりは不可能なのか？」

ニューハウス静岡はガイアホームと社名を変更した。林と2人で創業して7〜8年経った頃、加納は抱き続けていた家づくりに関する葛藤の答えを自ら見つけ出すべく決意をする。

「真壁造りで家づくりをしたい。その販売をやらせてもらいたい」

林に頼み込んだ。そして、ガイアホームの新規事業部『サイエンスウッド』として真壁造りの家づくりに挑戦することになった。加納が38歳の頃である。

株式会社サイエンスウッドの誕生

サイエンスウッド事業部での家づくりは、従来の常識を覆すものであった。そのため住宅業界に長くいる人間ほど疑わしい目をむける。当初はこんな目標を掲げた。

（概要）
・販売価格：１５００万円
・販売坪数：40坪
・利益率：40％
・工期：15日間
※その他大工工事なし

（コンセプト）
・日本古来の木造建築を主として十二分に木を使い、その木を柱として露出し、強度を強調する
・納得のいく価格
・安らぎの空間づくり

「今思うと、とんでもない目標だった」。加納は笑いながら振り返る。しかし、この目標の追及を諦めなかった。さすがに利益率と工期の目標達成は難しかったが、お客様には掲げたコ

ンセプトは響いた。1年間で15棟を販売したが、不備も多く、不本意にもクレームも発生した。自身で掲げたコンセプトの家づくりを追い求めるため、あらゆることを試してもみた。40歳前の意気盛んな頃。怖いものはなかった。ガイアホーム自体も成長を続け、あっという間に、社員も50名規模へと拡大した。加納は林と二人三脚で事業を成長させ、専務として重責を担う立場となっていた。

とはいえ、加納の掲げるコンセプトの家づくりはなかなか理解が得られない。それは社内においても同様だった。あるとき、会議の場で女性社員から「専務はお客様の家を実験台にしている」と糾弾された。思わず頭に血がのぼった。「医学が発達してわかったことがある。化学製品にまみれた家に住み続けて命を落とす人が何人もいるんだ！」。思わず声を荒げてしまった。良いものをお客様に勧めたい。誰もがそうありたいと思っている。しかし、物事の黎明期はなかなか大衆に理解されないケースは多い。加納は唇を噛みしめるしか他になかった。

加納が43歳の頃、ひとつの転機が訪れる。創業時から苦楽を共にしてきた林だが、会社の成長と共に付き合いも広がってくる。青年会議所や婦人協会などさまざまな団体の理事長を兼任したりもしていた。比較的、低廉なコストで品質のよい家づくりをモットーに地元の顧客を広げてきたガイアホームだったが、林が方針転換をはかる。いわゆる富裕層の付き合いも広げていた林はガイアホームの顧客を高級層へシフトさせたのだ。そのため、浜松の一等地に坪120万円前後のモデルハウスを建てた。その余波をうける形でサイエンスウッド事業部も解体することになった。

そこから加納の不遇が始まる。林の方針転換に納得がいかない加納は、サイエンスウッド事業部の解体により、社内では窓ぎわに追いやられる。たまに部下の営業で同行し、見積もりを提出すると顧客から「高いなぁ～」という反応が返ってくる。本来はお客様に納得してもらう説得をすべきだが、加納自身も本心は「高い」と思っているため何も言えない。上司としては失格だろう。

窓ぎわに追いやられて1年ほど経つと、林が「降格するか、リフォームの子会社の社長のどちらかを選んでくれ」と迫られる。「冗談じゃない、なぜ降格なんだ」と思いながらリフォーム会社の社長を選択した。社員は3人。でも、工夫しながらやってみるとしっかり黒字になる。これはこれで面白い。しかし、加納はガイアホームを離れる決断をした。それは林が発した一言にあった。

「加納、最近どうだ? 実はうちのリフォーム会社に累積赤字が8000万円くらいあるの知ってるだろ? だから黒字になっても税金支払わんでいいから」

浜松で共に創業し、苦楽を共にしてきた林に三行半を突きつけるときがきた。加納としては、こんなところで働いているくらいなら他の住宅販売会社の営業の方がましと考えた。営業は会社の業績を上げたくて必死に朝晩かけまわって注文をとってくる。施工も業者の方々がコストと品質のバランスに常に頭を悩ませている。それもガイアホームという会社を大きく成長させたいからだ。そんな汗水流している内外の関係者のことなど何も考えない林の言葉が許せなかった。かつての彼とは違う、と加納は確信した。

同じ頃、毎晩のように各営業所の所長が加納の家に酒を飲みに来ていた。5つの営業所のうち3人の所長がやってきたある日のこと。最初はいつものように酒を飲んでいた。当然、社内の愚痴になる。「専務、今の家は高くて契約難しいわ」「なんか社長は変わってしもうたわ」など所長たちが吐露し始める。次第に、所長たちも酒のいきおいにまかせ「専務、会社立ち上げて、専務の開発した家をまた作ろうよ」と言い出す。次の日も、また次の日も同じように所長たちが加納の家にやってきて、酒を飲む。そして、加納に立ち上がれと決起を促す。加納もその気になった。

「ならば、やってやる」

加納はガイアホームを去る決心を固めた。そして、新たな会社を立ち上げる。社名は株式会社サイエンスウッドだ。加納が志なかばで諦めざるを得なかったサイエンスウッド事業部。新しい会社の社名は、「初心忘れるべかざる」という想いで名付けた。加納が45歳のときである。

モデルハウスを建てる!

新たな会社の設立で期待と不安が交錯する加納だった。それとは裏腹に株式会社サイエンスウッドの船出は順調そのものだった。設立から半年で5棟の契約を獲得できた。その間、加納も一緒に参画した社員たちも、ベンチャー企業の高揚感を味わっていた。毎日、会議と称しての飲み会でワイワイと意見を言い合う。半年後には社員も加納含めて6名となり、初年度の契約は20棟に達した。大資本が入っているわけでもなく住宅会社を地方都市で創業し、初年度から黒字にすることは本当に難しい。住宅業界に身を置く人ならば、誰もが理解できると思う。加納が依頼していた税理士も、まさか初年度で黒字化するとは思っておらず、驚きの声をあげた。

会社が2年目に入るとモデルハウスが欲しくなる。やはり、お客様に体感してもらいたい。しかし、モデルハウスを建てる土地や建築費には大きな予算が必要だ。資金はそこまで余裕がない状況のとき、神風のように幸運が舞い込んだ。知り合いから紹介された鈴木さんの父親がある土地の一部を所有しているという。その土地全体は複数の人が所有しており、鈴木さんの父親が所有しているのは道路に面していない土地になり、建築基準法上、家を建てるのは難しい。鈴木さんはこの土地全体を活用して借家などを建てたいと考えていたため加納に相談した。

「この土地全体が手に入れば家が建てられる…」

が土地の所有者は7人。元々、放っておいても使いみちのない土地だ。7人の土地所有者のうち4人は浜松市在住の方々。残り3人が広島県、東京都、神奈川県に住んでいる。この交渉は所有者のうち1人でも断れば成立しない。7人全員から土地の所有権を移転してもらわないといけない。まずは、7人のうちのひとりである小沢さんに話をした。小沢さん曰く、鈴木さんの土地は死に土地で活かそうとしたら、自分の土地がないと活かされないから200万円でも譲らないと頭ごなしに拒絶した。それならばと、加納は鈴木さんと作戦を練った。鈴木さんに300万円を用意してもらい、これを7人への支度金として振り分けて交渉に臨んだ。結果、交渉は見事にまとまり、鈴木さんは無事、借家建築の準備に乗り出すことができた。道路付きの土地になったのである。

ところが、ここで鈴木さんの父親が登場する。「D社だと10年の家賃保証があるけど、これをサイエンスウッドでお願いしたい」と要求してきた。加納は愕然とする。設立2年の会社で家賃保証までするのは割に合わない。この話からは手を引こうかと思案していた時に、加納はあるアイデアが閃く。

「そうだ、ここにモデルハウスを建てよう、と考えたんです」

加納のアイデアはこうだ。元々の建築計画の予算は４０００万円。この４０００万円で家を建てる。ただし、建てる家は加納の自由にさせてもらう。その代わり、その家賃として月38万円を家賃保証で支払う、というもの。これであれば、鈴木さんの父親が期待した利回りも満たす。この交渉も成功し、サイエンスウッドは浜松の一等地に2棟のモデルハウスを建てることができた。社員たちも驚いた。それこそ、一夜城のようにモデルハウスが手に入ったのだから。このモデルハウスは、現在の株式会社サイエンスホーム浜松店となっている。

このモデルハウスの近くには古巣のガイアホームのモデルハウスもある。距離にして５００メートルくらい離れた場所だ。坪１２０万円以上の豪華なモデルハウスであり、そこに向かう手前にゆったりした坂が続いている。加納はこのモデルハウスの近接する場所を『桶狭間』と名づけ、古巣に勝負を挑んだ。当時のガイアホームは年間１００棟の受注があった。サイエンスウッドが年間30棟を奪いとれば向こうは70棟へ減少する。加納はこの陣取りゲームに闘志を燃やす。両社の浜松市での戦いは、加納がモデルハウスを完成させることで激化していった。

生涯の戦友との出会い

ガイアホームを飛び出した加納だが、そのときには、すでに千載一遇の出会いがあった。戦友2人を紹介しよう。

まずは現在のサイエンスホーム代表取締役を務める大石晃弘だ。ニューハウス静岡（後のガイアホーム）の立ち上げから3年ほど経ったとき、業績が伸び続けるなかで、営業ができる社員が欲しかった。そのときに入社したのが大石である。大石は住宅業界とはまったく異なる世界で働いていた。大石自身が家を建てることになり、担当したのが加納の会社であった。そんな奇遇な縁で付き合いが始まったわけだが、加納は当時から大石の営業力・企画力を高く評価していた。その慧眼は見事に的中し、大石はサイエンスホームの全国展開において自社の販売戦略を加盟店に伝播するという極めて難しいミッションをこなしていくことになる。

大石はガイアホーム時代から成績優秀であった。加納がサイエンスウッドを設立した後も、大石はガイアホームに残っていた。加納も大石は優秀であるから「会社を辞めても独立してうまくやっていくだろう」と思っていた。自分が声を掛けなくとも大石ならば大丈夫だろうと加納は確信していた。ある日、そんな大石から電話があった。「実は私もガイアホームを辞めることにしました」。加納はとっさに色めいた。

「大石がサイエンスウッドに来て、一緒に仕事してくれるとどれだけ心強いか」

加納は大石に「一緒にやらないか」と誘う。

ただ、独立して間もないだけに、いくら優秀な人材とはいえ、法外な報酬は渡せない。一緒に会社を立ち上げた社員たちの手前もある。うまい方法はないかと加納は思案を巡らせた。そこで考えついたのが『出資』という形態だった。

大石が自身で会社を興し、そこに加納が出資する。そして別会社だが、サイエンスウッドの専務として名を連ねてもらい、営業活動を一緒にやろうと考えた。契約がとれたら利益分を折半。そんな約束でスタートしたのだ。

大石は見事に期待に応え、個人で年間20棟ほどの契約を獲得してくる。営業同行などの手数料を込みとして、年間でかなりの額の報酬を渡すことができた。ただ、独立して間もない加納自身のやり繰りは相当厳しいものがあった。それでも、大石の能力を高く評価していた加納はその約束を果たし続ける。それが、数年後に全国へ展開するサイエンスホームの礎を築くことになった。

もう一人が、現在サイエンスホームの常務取締役を務める高良章弘。出会いは今から25年前になる。彼は大手ハウスメーカーの子会社出身で、オールラウンドプレーヤー。大工はもとより、基礎工事、内装工事と職人としてなんでもこなせる。『さすが大手ハウスメーカー。学校を出たての社員を職人として育てていたのか…』。彼を見て率直に大手のすごさを感じた加納。ゆくゆくそんな会社を作りたかったのかもしれない。高良は学校教育では得られない職人としての感性を身につけていたのだ。現場は理論や理屈が通らない部分も少なくない。彼は現場監督として、現場はもとより利益管理でも会社を支え続けてきた。現在のサイエンスホームは、彼の力がなくしては成し遂げられなかった。

妻・眞理子との出逢い

話を名古屋から浜松へ乗り込んできた頃に戻そう。愛知県から静岡県に向かう東名高速道路の宇利トンネルを越えると真っ青な空が広がる。加納は名古屋からいったん石川県に戻り、そして再び名古屋を経由して浜松に向かっていた。雪国からそのまま車を走らせてきたこともあり、スパイクタイヤをはいたままだった。ただ、冬装備の車とは対照的に太平洋に面する静岡県は南国のように感じられた。浜松市内に入ると、自分の車だけガタガタとスパイクタイヤの音を鳴り響かせている。そんな加納の車を周りの人が不思議そうな顔で見ていた。浜松は雪が降らないところのようだ。空にはどんよりとした北国特有の鉛色の雲はなく、空には太陽がふりそそぎ、まぶしいくらいだ。

「これから始まる浜松の未来はどんな景色になるのだろうか。」

加納は思いを巡らせてみた。浜松営業所は社員が3名、自分を入れて4名の小さな所帯である。所長と現場監督と事務員。そして加納が営業職。石川県金沢市に本社を置くニューハウス工業は県外に10の営業所を持つ住宅会社だ。その県外拠点で最も本社から遠い場所にあるのが、この浜松営業所だった。もちろん、浜松ではニューハウス工業といっても知っている人はほぼいない。まさに、フロンティアに立つ開拓民の心境だった。

初めて浜松の地に足を踏み入れた日の夜、加納は地元の居酒屋でのんびりと杯を傾けていた。どんな街なのかを知るには地元の居酒屋でまわりを観察しながら飲むのが一番。夜が深まると色々な人たちが店にやってくる。気づけば、地元の漁師や店の主人と会話がはずみ、大盛り上がりとなった。旧知の間柄だったような錯覚に陥るほど、加納はすぐに打ち解けることができた。

「この街は今までとは違うなと。何か特別なものを感じたんだよね。」

加納が23歳の頃である。週末には店で知り合った漁師と一緒に海に出たこともある。地元の文化や料理も妙に合う。浜松で開催される地元の行事にも熱心に参加するようになった。とくに盆踊りは毎年欠かさず顔を出すようになった。住み始めて最初の頃は右も左もわからない若者が次第に地元に定着し、愛着を持つことで人々に暖かく迎えられていく。地元のお婆さんの手作りのお菓子を配り、子供たちもなついて遊びに来てくれる。加納は「浜松は第二の故郷」と語る。それは浜松が『よそ者』をやさしく迎え入れてくれる懐の深い、あたたかい土地だったからだろう。

妻・眞理子と出逢ったのもこの浜松である。地元に顔を覚えてもらいながら朝晩と仕事に駆けまわっていた頃、地元のスナックで飲んでいた加納の隣に偶然、眞理子がいた。最初はたどたどしい会話のキャッチボールを繰り返す2人だったが、次第に意気投合。この出逢いをキッカケに2人は交際をスタートさせ、やがて結婚を経て、家庭を持つにいたる。

「浜松は私という人間をつくりあげてくれた場所。ここでの人々との出会い、経験したことが人生の財産」

見知らぬ土地で出発することに不安がなかったといえば嘘になる。しかし、加納は幼少期の頃から、目の前に広がる未知の環境を受け入れる術を体得していたのだろう。

よそ者が子供会の会長に?

浜松での加納は仕事と家庭という2つの車輪が勢いよくまわり始めた。同時に自身でも予想もしていなかった事態も発生した。それは浜松の子供会連合会の会長に就任したことだった。

浜松では5月のゴールデンウィークの期間に大きな祭り（浜松まつり）が開催される。加納たちは例年、石川県の実家に戻るか、海外旅行などに出かけ、その期間は浜松を空けることが多かった。しかし、会社の中でも地域貢献がひとつのテーマになり、議論を重ねるようになった。

「何か浜松に貢献していかなければいけない」と、考えていた矢先に突然その機会が訪れた。

ある地域の会合に出席していると司会の方が「来年の子供会の会長を決めます」と宣言する。全国に展開している子供会連合会の会長のことだ。地域だけでなく浜松全体の連合会会長を兼ねる大役といってよい。加納はその役割についてほとんど理解していなかった。司会が「誰かやる人いませんか?」と立候補者を募るが、誰も名乗り出ない。皆が沈黙を貫いている。よそ者でまだ浜松在住歴が浅い加納にしても「誰か立候補してくれよ」と思いながら、会合のなりゆきを見守っていた。

しかし、埒もあかない状況のため「くじ引きで決めたらどうか?」と提案したのだ。

すると司会が「くじ引きで連合会会長を決めるんですか？」と驚きの表情で返してきた。「ならば、誰かが立候補してくれよ…」と腹の中で思いつつ、しばらく様子を見守る。しかし、状況は先ほどと変わらない。こういう状況になると加納はどうもイライラしてくる。「誰でもいいじゃないか」と、言葉に出さなくとも顔をしかめる。そして、とうとう我慢しきれずに言葉を発する。

「僕がやってもいいけど、街のことも知らないし、それでもいいのなら」。満場一致で浜松の子供会連合会会長は加納に決まった。

実は、この会長の任は大変の一言。その最大の理由は加納が浜松の慣習や文化をほとんど知らなかったからだ。会長に決まったのが12月で翌年から会長の仕事が始まる。ゴールデンウィークには先に紹介した浜松まつりがやってくる。毎年、浜松にいなかった加納にとって浜松まつりをじっくり見たこともない。参った…と心の中で呟きながらも、やってみるしかないと腹をくくった。

よそ者が会長になったという風の噂話は瞬く間に広がった。あるとき、加納が夫婦で近所の寿司屋に寄った。先客の座敷から「今度の連合会の会長、なんか自分から名乗り出たらしいぞ」という会話が聞こえてきた。噂話は尾ひれ・背びれを付けてどんどんと思いもよらぬ方向へ広がっていく。そうじゃないんだけどな…と加納は思いながら、座敷に向かった。そして「私がその加納です」と挨拶する。どこの街でも古いしきたりと人間関係がある。よそ者の加納が浜松で会長に就任するのは、地元にとってはちょっとしたニュースだ。衝動的とはいえ、普通は頼まれてもやらないだろう。このあたりが、普通のよそ者とは異なる加納らしいエピソードといえる。

会長としての祭りやさまざまな行事への関わりは確実に加納を『浜松の人間』へと変えていった。多くの人と知り合うことができた。今では皆が楽しく語りあえる仲間となった。加納は今でも「こういう役割は元々浜松で生まれ育った人間がやるべき」という。それはそうだろう。しかし、皆、なかなか先頭に立ちたくない。だから、一歩引いて静観している。加納自身は会長就任によって地元への貢献という形で恩返しできた気持ちだった。しかし、まわりは「火中の栗を拾う珍しい奴」という風に見ていたのかもしれない。とはいえ、それも加納の役割だったのかと思う。よそ者の加納を多くの地元の人たちが支える。加納の人柄がよくあらわれている。

加納流営業の極意

――家は一生に一度の買い物

確かに昔からこのフレーズはよく耳にするし、数千万円の買い物を何度もおいそれとできるものではない。しかし、加納たちはこの途方もない高額な商品を販売している。テクニック論は色々とある。加納は名古屋時代を含めてトップセールスを記録し続けている。加納がトップセールを記録していたときの営業のエピソードを紹介したい。

①0時は『明日』

あるお客様のもとに17時に訪問した。しかし、なかなか契約書に印をついてくれない。刻々と時間が流れついに午後11時となった。「今日は勘弁して。明日になったら契約するから」と言われお客様の家をあとにする。外に出て車で1時間ほど時間をつぶす。夜中の0時をまわった瞬間にお客様の家の呼び鈴を鳴らした。「我々の仕事はお客様の背中をいかに押してあげることができるか」と加納が言うように、このときのお客様は加納の執念に折れるように契約となった。

「おそらく次の日の朝を迎え、ゆっくりと再訪していたら契約出来なかったでしょうね」と振り返る。後日、お客様からも「あのときしつこく背中を押してくれなかったら、一生借家住まいでした」と感謝されることになる。

②「トップセールスマンにしてください」

なかなか契約してくれないお客様がいた。仲はよいが仕事にならない。最後に「私をトップセールスマンにしてください」といって契約を獲得したことがある。家という商談には価格や競合相手の相見積もりも含めてさまざまある。しかし、加納はここぞというときに、そのようなところで勝負しない。自分自身がお客様のことを第一に思っているから、これからも長くお付き合いさせて欲しいという思いを伝える。若さゆえの芸当かもしれないが、そのお客様とは今でもお付き合いしている。

③トップセールスの意地

ニューハウス工業の浜松営業所時代、本社にいるある専務が毎日、加納に連絡してくる。「金沢の近藤君と現時点で契約件数が並んでいるよ」。2月20日が年間営業成績の締め日。なんとその日に加納と同じ契約件数で並んだ。やるしかない、と覚悟を決めた加納は自分の家を建てることにして契約を追加した。晴れて加納はトップセールスの座を獲得し、更に浜松の新居も手に入れることになった。

④紹介こそ営業の醍醐味

知らない街で、新しい会社でなぜトップセールスの座を獲得できるのか。実はその秘訣は『浜松』と加納は答える。加納の契約のうち約6割は紹介によるものだった。加納が通っていたスナックの常連客からなんと12件もの契約を獲得しているのだ。「浜松の人たちは、自分をよそ者扱いにしない」と振り返る。実際、金沢で県外の人間が住宅会社を立ち上げたら、成功するには大変な労力が必要だろう。歴史を振り返ると家康、信長、秀吉。トヨタ、ホンダ、ヤマハ、スズキと世界にとどろく会社はこの遠州（三河）地域から出ている。そういう人や会社を応援して、押し上げてくれる。そういう気質に満ちた地域性にも関係しているのかもしれない。

人のつながりを仕事に活かす

加納は浜松に移り住んだ頃、まわりから「銀ちゃん」と呼ばれていた。これは名作「鎌田行進曲」で風間杜夫が扮する主人公から名づけられたものだ。ただ、まわりは皆、「どちらかというと、大部屋俳優役のヤス（平田満）の方に似ている」という評であった。この点は加納もなぜ銀ちゃんと呼ばれだしたのか、明確な理由はわかっていない。

そんな愛称で呼ばれ、スナックの常連客と付き合いも深めていく。加納も浜松にようやく溶け込めてきたかと実感し始めた頃、皆が「銀ちゃんの家を見にいく」と言う。前項で紹介した、自身のトップセールをかけて建てた浜松の家である。新築の家にやってきた常連客は不思議そうに加納に質問をする。「なぜ、こんなところに、こんな家買えるんだ?」と。常連客の人たちは近隣の借家住まいが多かった。不思議そうに加納の家を見つめていた。「いや、今の時代、家賃と同じくらいの支払いで買えるよ」と教えたら、皆、関心して加納の話を真剣に聞き出す。どうやら、こういう話をわかりやすく教えてくれる人があまりいなかったようだ。

この話を聞いて、常連客のひとりが加納と契約をして家を建てることになった。これをきっかけに紹介の連鎖が広がっていく。ある日スナックに行くと、皆が加納を待ち受けていた。すると、「お前も銀ちゃんのところで建てろ」と紹介してくれる。加納もこれには驚いた。最後にはスナックのマスターの家まで建てることになった。

ニューハウス工業の浜松での知名度は皆無だった。しかし、皆が加納との付き合いで信頼し、契約を交わしていった。加納のもとに集まる仲間が家を建てたい人を紹介してくれる。「加納のところで建てろ。そうじゃなきゃ取引しないよ」とまでいってくれる人までいた。加納は皆の心意気に感謝するしかなかった。紹介での契約は最終的には通算250件を超えるまでになっていた。

あるとき、家を建てたお客様の息子さんの結婚式に出席した。お客様の息子さんの家も加納が建てていた。式場につくと知った顔ばかりである。それもそのはずである。出席している8組の親戚も加納に家を建ててもらっている。人のつながりが、仕事のつながりをより大きなものにしてくれる。「石川県ではこうはならないと思う。やっぱり浜松だからだと思う」と加納は振り返る。よそ者も応援しようという気質が、付き合い上手の加納にピタリとはまったのだろう。

第４章　加納家を支えるファミリーの結束

人生最大の危機

サイエンスウッドを立ち上げて3年が経った。業績も堅調に推移してきて、更に業容拡大を目指していた加納だが、日夜奮闘しているスタッフに恩返しもしたいと考えていた。思いおこせば、ゼロからのスタートを一緒に走り抜けてきたスタッフには感謝しかない。皆で慰安旅行でもいきたいと考えていたところ、付き合いのあったYKKの営業担当が品川にショールームを新設したのでスタッフ一同を招待したいと提案があった。ありがたいことに交通費も先方持ちとのこと。それならばと横浜で宿泊し、東京も観光するちょっとした旅行をすることにした。横浜を観光していたときに皆で中華街に出向き、昼食をとる。加納は食事代の現金を引き出すためATMに足を運んだ。そのときATMの画面に表示された残高に目をみはった。500万円ほどあるはずの残高が0円と表示されているのだ。「あれ?·間違えたかな」と財布にある別のキャッシュカードも確認するが、間違えてはいない。何が起こっているのかわからなくなった加納は銀行の担当者に連絡してみる。すると驚愕の事実が明らかになった。

「加納さんは知らなかったんですか…。実はガイアホームが本日倒産しました。保証人として加納さんも連名されていましたので口座を差し押さえさせてもらいました」

「なんということか…ガイアホームが倒産?」

その話を銀行の担当者から聞いたとき、浜松でニューハウス静岡を立ち上げた際の銀行とのやり取りが思い出された。加納は専務という立場であったが、銀行融資の際に社長と共に保証人欄に押印をしていた。社長自身が押しているのだから、専務である自分も押すのが普通であろう。若い加納はそのときはそう考えていた。ガイアホームから去るときも「保証人は外すから」と言われていたので、加納もすっかり頭から抜け落ちていた。それに銀行の担当者とは何度も顔を合わせていたが、特にその件について言及されることもなかった。

ガイアホーム倒産時の負債総額は12億円にのぼった。清算が行われ、加納個人の負債は約2億円となった。ガイアホームの社長も役員もすでに自己破産している。個人でとうてい返せる額ではない上に、自身のプライドをかけて建てた自宅も仮差押えされることになった。不幸中の幸いは当時も付き合いのあった協力業者の各社に被害が及ばなかったことだ。「サイエンスウッドの仕事をするならウチは仕事を出さないよ」とガイアホームからと釘を刺されていた協力業者の多くはサイエンスウッドへの仕事に切り替えていたからだ。

ただし、サイエンスウッド自体の預貯金に影響は及ばなかったので、会社の存続は問題なかったが、この件で取引していた銀行は波が引くように去っていった。

「ガイアホームをクビ同然で去った自分がなぜ今頃になって、こんな仕打ちをうけるんだ…。当時は寝ても覚めても何度もそう考えていたね」

返済との闘い

ここから加納の債権会社との闘いが始まる。加納は保証協会を含めた各債権会社とのやり取りを開始させるが、そもそも2億円を超える支払いなど現実的に不可能だ。まず、各債権会社と交渉を行い、月々の返済額を確定させた。難航する交渉の中で幾度となく自己破産の道を選ぼうかと加納の心は揺れた。しかし、それは苦労して立ち上げたサイエンスウッドの代表からおりることを意味している。「去った会社のことでなぜ」と何度とやり場のない怒りもこみあげてくる。銀行の手のひら返しにも驚く。晴れの日に傘を貸して雨の日に取り上げる銀行の所業を目の当たりにすると、やるせない気持ちが心を覆う。

一番辛かったのがスタッフの変心であった。このままでは会社が持たないと感じたスタッフは顧客をそのまま持って他社に転職していった。

「辛かったけど、考えてみれば自分もそうやって前の会社を去っていった。因果応報だよね」

それでも残ってくれたスタッフは、加納の窮状を受け止め精一杯走り回ってくれた。当時の加納の支えはこのスタッフたちの頑張りでもあった。何とか資金繰りを改善して、会社の経営と負債の返済に目途をつけたい。そう考えた加納はサイエンスウッドの工期管理を更に徹底させることにした。上棟から完工まで1ヶ月という工期を設定したのだ。もちろん、協力業者にも頼み込んで請けてもらった。工期の短縮で何が変わるのか?一般的に住宅会社は『契約時10%・

着工時30%・中間30%・完工時30%』と工事の進捗にあわせ、施主から支払いをうける。協力業者への支払いも月末に締めて、翌月末に支払いを行う。工期が延びると協力業者への支払いを一時的に前払いする必要に迫られる可能性が高まり資金繰りは悪化する。その際に住宅会社は銀行などからつなぎの融資を受けて応急処置をしていたのだ。そのため、工期を短縮することで入金サイクルを短期間で回転させ、資金繰りの悪化を防ごうと加納は考えた。この徹底が見事に功を奏す。協力業者への支払いはほぼ施主からの入金で支払うことができた。

当時のスタッフ一同が参加する定例の会議は一般的な住宅会社のそれとは大きく異なっていた。スタッフからの報告の大半は「どこの契約の案件がいつ入金されるか」がメインとなり、会社一丸で資金繰りの改善にまい進していた。おかげで、銀行と取引できない圧倒的な不利な経営環境をはねのけることができたのだ。

「銀行には恨みはないが、ただ思うところはある。世の中にある銀行があれだけ立派なビルに入って、銀行員が高額な報酬を受け取る。それはなにで成り立っているのか?我々のように悪戦苦闘をしている中小企業の経営者の汗と涙で成り立っているのではないか」

普通の人間に戻れた

せっかく建てた家くらいはなんとか守らねばならない。加納は突然自分の身に降りかかった借金をどうにかして現実的に返済可能な金額に交渉していく。その中でも名古屋にある債権回収会社とのやり取りが加納らしい。

金額交渉に臨む加納の脳裏には「自己破産」と「社長交代」の2つが交錯していた。名古屋に向かう電車の中で反芻する。「最悪の場合は自己破産して、妻の眞理子を社長にしようか」。その最悪を回避するための第一歩は、この名古屋の債権回収会社の債権5000万円の交渉からだった。返済の相談をしたいと相手に伝え、約束をとりつけた。新栄町にあるビル2階に事務所があった。扉を開けると、明らかに「怖そうなお兄さん」が加納を出迎えた。

「何しに来たの?」

勇気をふり絞り加納は答える。

「債務を免除して欲しいのですが？」

怖いお兄さんが訝しげに眺める。

「ん？　なら金利はいいが、残りの金は持ってきたの？」

加納が満を持して答える。

「いえ、持ってきていないんです。そのあてもないので、実は自己破産しようと考えています。でも、印を押した責任も感じています。だから挨拶だけでもと思い参りました」

にわかに事務所内がざわつき始めた。奥からまた怖いお兄さんが2人ほど出てくる。

「ふざけたこと言わないでくれ。ならばいくらなら返せるんだ？」

怖いお兄さんがそう返すと、加納は臆するわけでもなく「20万円」と回答する。

「ふざけるなよ！かき集めてこいよ！」

加納も返す。

「それができないから自己破産なんですよ」

こんなやり取りを繰り返していると奥から支店長が出てきた。そこで「いくらまでなら現実的に返せるのか？」というやり取りが始まる。金額のキャッチボールを繰り返し、なんとか250万円で交渉が成立した。

加納は名古屋まであえて汚い服装で出向いた。相手もその姿を見れば、交渉に応じるのではないか、という読みであった。結果として交渉は成功したが、

「生きた心地がしなかった」と加納は後日漏らしている。この名古屋の交渉を皮切りに債権者と減額の話し合いを進めていく。会社自体は順調にまわっていたが、この交渉は一進一退を繰り返しながら、粘り強く交渉を繰り返す。そして、なんとか3つの銀行が和解に応じてくれることになった。ところが最後まで厳しい態度を貫いたのが保証協会だった。ここだけは一向に交渉に応じてくれない。しかも、3行の和解がまとまっているのに「加納さん、自己破産すれば」と言い出す始末。「金利はいいが、元金だけでも返してくれないと。ウチは国の保証機関なんだから」とも言い、毎度返り討ちにあって引き返すばかり。仕方なくコツコツ返すしかないし、返済が滞らないよう心がけた。ガイアホームの倒産から10年経ったとき、保証協会から電話があった。何事かと思い出向くと先方が「和解しよう」といってくれた。何度も交渉しても門前払いだったが、ようやく和解の言葉を引き出せた。紆余曲折の10年を振り返りながら、加納は保証協会からの帰路にふと自分自身に言い聞かせるように呟いた。

「ようやく普通の人間になれたな…」

加納を支えた家族の結束

ガイアホームの倒産の報は浜松で大きな話題となった。浜松だけでなく東海地方中心に事業エリアを急速に拡大していたため、近隣の住宅会社だけでなく、顧客も驚きの声があがり、同時にアフターフォローの不安を懸念する声もあがっていた。そのような状況の中、ネットを中心に根拠のない加納を糾弾する声もあがった。「加納がガイアホームの金を持ち逃げしてサイエンスウッドを設立した」や「ガイアホームを潰したのは加納だ」など、いわれのない誹謗中傷がネットの中を飛び交う。「サイエンスウッドも近いうちに潰れる」などという噂もまことしやかに駆け巡り、加納は閉口するしかない。

「自分には責任はまったくないとは言わない。でも、突然火の粉をあびたようなものでこっちも大変な時期だった。それでも世間は冷たいもの。よくもまぁ、こんなことネットに書き込めるものだと呆れて見ていた」

危機に直面した加納を支えたのは妻の眞理子であり、娘たちであった。毎月のように債権会社から督促状が送られてくる。普通の家庭だと、どんよりと暗い雰囲気になり、別れ話のひとつでも出てくるだろう。加納の娘は大学へ進学し、養育の心配はないとは言え、妻の眞理子の肝のすわり方は加納も驚く。督促状の封を開け、金額を見るやいなや「桁数が多すぎてわからんわ」と笑い飛ばした。当人も不安がないわけがない。むしろ加納以上に将来を考えると暗鬱とした気分になる。しかし、毎日、銀行と債権会社を駆けずりまわる加納の姿を見ていれば、その姿を表に出すことはできなくなった。娘の詩織は日本大学芸術学部に通っていたが、「今、勉強していることは高校のときにやったことばかりだから中退する」と言い出し、さっさと大学を辞めてしまった。本人はやりたいことがあったからと言うが、加納の窮状を知っての行動だったのかもしれない。

「このときの妻や娘たちには感謝しきれない」

加納はこう振り返る。

長女・綾子の歩み

浜松で妻・眞理子と出逢い、加納は2人の娘を授かった。長女の綾子は、まさに加納が会社を立ち上げ、その後に降りかかる苦難を子供の頃から間近で見続けてきたひとりだ。会社を立ち上げたばかりの一家は経済的に不安定な状況に直面していた。家庭で接する父親は緊張感につつまれ、家庭も明日はどうなるかわからいという不安に満ちていたという。この緊張感につつまれた家庭の中で救いとなったのは妻・眞理子の楽天的な性格であった。「健康であればなんとかなる」と、どこかで信じている眞理子が、家庭で不安なまなざしを向ける子供たちに希望の光を与えていた。そんな母親のもと育った綾子と次女の詩織も、ポジティブに物事を考える術を体得していた。外で闘い続けていた加納が救われたのは、家庭が明るさを失わなかったからだ。

綾子は幼少の頃から、遊園地などに連れて行ってもらったことはないという。父親と出掛けるときは加納の趣味が優先され、城や神社などばかり。子供が面白いと思うわけがなかろう。

しかし、綾子はそれが当然のことと考えていたという。それは幼い自身でも「稼いでいるのは父親」という尊敬の念を抱いていたからだ。子供がそこまで得心するのは余程の環境でない限り、なかなか難しいだろう。しかし、加納家はまさにそうだった。父親は常に闘い、ときには苦境に陥っている姿も目の当たりにしていた。小さい頃から自然と、「稼ぐ」ということに対する憧れに近い感情を綾子は抱いていた。

加納家は今でいうと大変古風に映る「働かざる者、食うべからず」というゆるぎない哲学をもった家庭であった。もちろん加納の影響である。そう表現すると加納が昔気質の頑固おやじのように映るかもしれない。しかし、それは大きく違う。加納は子供たちに将来の道を自身で切り拓く術を身につけさせたかった。稼ぐということは素晴らしいことであり、そのために自分がどのような夢を実現させていくのかということを教えたかった。

綾子はそんな加納の想いを小さな体でしっかり受け止めていた。小学生の頃、習字の授業があり「経験」という文字を書いた。小学生がなぜ「経験」という2文字を選んだのか。それは加納の口癖が「経験こそすべて」であるからだ。「やってみないとわからない」「経験がすべて」

と常々、加納は発する。「経験」という言葉が彼にとってなぜ重要だったのか、を考えると、それは彼自身の人生観にあった。加納は経験こそが人間を大きく成長させると信じていた。それは自らの経験から体得した哲学だ。だからこそ、子供たちにも小さな頃からその哲学を少しずつ教え込んだ。

「経験は人それぞれ異なるものだ。だからこそ子供たちは謙虚に学び、経験を積んでいくべきなんだよね」

これが加納の真意だ。

そして、自然と加納家の哲学として綾子にも血肉として刷り込まれた。自分が将来のキャリアを考えるときも父の言葉を反芻する。頭の中で考えているだけでは何も進まない。まず経験をしてみること。それが加納家の価値観として、家の基礎のようにがっしりと据え付けられていた。

綾子はひとつの夢を持っていた。それは漫画家だ。小さい頃から描くことは大好きだった。将来の仕事にできたらどんなに素晴らしいか。しかし、彼女の選んだ道は違った。20歳で結婚した綾子は23歳の時サイエンスウッドで経理として働くことになる。小さい頃から仕事で走り回る父の背中を見つめて育った綾子にとって、父の会社で共に働くことは違和感のないこと。一方で漫画家になるという夢も諦めきれなかった。父の仕事を手伝いながら、自分の夢を追った。しかし、綾子に経理という仕事はなかなか馴染めなかった。社交的で人と話をすることが好きな彼女は父に直訴する。「経理ではなく、営業をやりたい」と。加納は娘の訴えを受け入れた。その条件としてひとつの選択を綾子に迫った。

「営業をやるなら、まずは一本でやれと言ったんだ。営業の世界が甘くないことは自分がよく知っているからね。漫画と営業の両立は無理だし、結局、両方うまくいかないと思ったから」

綾子は決断を迫られた。そして、営業一本で進む決断をしたのだ。とはいえ、何をすればよいかはわからない。営業力を磨くために「大石塾」に入塾することに決めた。「大石塾」は加納の右腕として営業戦略を推進する大石が加盟店向けに開催している、いわば『営業力強化セミナー』といえる。サイエンスホーム（サイエンスウッドから分社化し、2011年に加納が設立する全国展開の住宅会社）の家づくりの強みをいかにお客様に伝えるか、そして、いかに契約を獲得していくかという実践的なテーマを掲げ、大石がそのノウハウを伝授していく場だ。綾子は「大石塾」で営業として活躍するイメージを固めることができた。「やっていける」という確信をもった。

綾子の営業での活動が始まった。初年度は8棟の契約を獲得し、なんとトップセールスに輝いた。やはり血なのか。周囲は皆が感心して2人をはやしたてる。流石というしかないが、当の加納は覚悟をもって綾子の日々の活動を横目で見つめていた。

「社長の娘が営業で成績が出ませんでした、ということになれば面目も立たない。それであれば1年で辞めさせるつもりだった」

その加納の覚悟は綾子も知っていた。

プレッシャーがのしかかる試練の1年であった。しかし、結果で父親を黙らせた。その自信が後の大きな飛躍へとつながった。営業を始めて10年経つ頃には綾子は「大石塾」で講師として壇上で熱弁をふるうまでに成長した。おそるおそる「大石塾」の席につき、不安なまなざしで周囲に目を配らせていた女性の姿はそこにはない。「経験こそすべて」という加納の信念を体現したキャリアを綾子は積み上げた。

そして、綾子はもうひとつ夢を叶えることができた。幼き頃からの夢であった漫画家の道は意外なところで花開くことになる。サイエンスホームのイメージキャラクターである「サイくん」は綾子が描いたものである。自身が描いたキャラクターが全国津々浦々で人の手に渡り、目を楽しませている。漫画家という職業を経てというキャリアではなかったが、夢につながる道はなにもひとつではない。綾子が営業で結果を出し続けたからこそ拓けた道である。

次女・詩織の世界

次女の詩織は幼い頃から内気で気の弱い子であった。彼女は父親も母親も、そして姉も含めて「変な家族の中にいる」と感じていた。友達から聞く家族と自分の家族はどうも違うという感覚を常に持っていた。父は朝から晩まで忙しそうに飛びまわり、母はそれでもいつも楽しそうに笑っている。でも、家族で旅行などはほとんどいかない。行くとしてもなぜか城とか神社とか。なんだか他の家庭とは違うのでは。そんな不思議な感情を抱きながら、自分の家族を眺めていた。

そして、詩織は要領の悪い子でもあった。姉の綾子は何でもできるいわゆる万能型の子供であった。しかし、詩織はそうでなかった。母から叱られるたびに「自分はなにも期待されていないのではないか」と暗い感情が心を覆うことも少なくなかった。

小学校3年生の頃、母が言った言葉が詩織の人生観を一変させた。

「詩織は楽しく生きなさい」

この瞬間、詩織の中で何かが弾けた。

母は自分のことを期待していないと思い込んでいたからだ。確かに姉の綾子のようにはいかない。うまくできないことの方が圧倒的に多い。母は私を見捨てるのではないか。そんな気持ちを抱いていた少女に、母が投げかけた言葉が大きな音をたてて心の中にゆっくりと沈んでいく。その言葉がスイッチをオンしたかのように、詩織は明るく前を向き、自分の道を歩き始める。

詩織は幼い頃から姉の綾子と同じく絵を描くことが大好きであった。それが中学生になると「自分には絵の道しかない」という確信に変わる。詩織にとってクリエイティブな行為は自分を表現する唯一の手段と認識していた。だから、たとえ家族に反対されようともその道を歩み続ける決意を抱いていた。それは、同年代の皆が考えるような合理的で経済的な発想とは異なっていた。その決意の正体は、頭で考えるような選択じゃなく、むしろ感覚や直感で成り立っていた。絵を描くという行為は、幼少期から言葉で表現するのが苦手であった詩織にとって、あらゆる選択を超える価値を有していたのだ。

詩織は大学の芸術学部に進学する。クリエイティブの世界に身を投じる希望を胸に抱き、上京した詩織であったが、その大学生活は2年半で終わりを告げる。詩織が退学した理由は「もう勉強することがなくなった」と加納に語っていたが、当時の加納自身に降りかかった苦難を知らないはずはない。父親に伝えた理由は詩織なりの思いやりの嘘だったのかもしれない。しかし、加納自身も詩織の人とは異なる感性は認めていた。「その才能を生かしてもらいたい」と親心を抱きながら、その歩みを見守っていたのだ。

詩織は大学中退後にフリーイラストレーターとして活動し始める。大学の授業は正直、退屈だった。教科書通りにアートの世界をなぞる授業はそれぞれの個性を殺していると感じられた。一転、外の世界に飛び出し、自分の力で表現をして、稼いでみたいと感じた詩織だったが、誰もが味わうようにそこには『生活』という重くのしかかる十字架の存在との付き合いに悩んだ。「ご飯を食べるために絵を描く…」。詩織は沈む気持ちを抱きながらも絵を描き続けた。しかし、その中でも自分の中で折り合いをつけ、最終的には自分らしさにこだわったイラストを創りつづけた。

「自分らしいイラストを描く」という決意の裏側には、小学3年生の頃に母・眞理子から言われた「楽しく生きなさい」という言葉が心にこびりついていたからだ。詩織のイラストはその独特なスタイルに厳しい評価を下す者もいた。しかし、詩織はその度に母の言葉を反芻する。「人と違うことの何がいけない?」と繰り返し、自分に問い直す。最後に出てきた答えは「自分に正直に生きる」。詩織は自分の信じる価値観の中で表現を続けた。

イラストレーターを経て、詩織が次に「表現の場」として選んだのはバーの経営であった。そこでも詩織らしい才能を発揮して、地元・浜松で自分らしさを追及している。母・眞理子は詩織への言葉を聞くと「そんなこと言ったかな…」ととぼけた表情で微笑む。加納も詩織の生き方を、言葉では心配そうな表情を見せるが、目を細めながら嬉しそうに語る。詩織もまた加納らしさと妻・眞理子の感性を受け継いで、力強く人生を生きている。

加納が伝えたかったこと

浜松に移って妻・眞理子と結婚した加納だったが、昼も夜も仕事で走り回る日々を送っていた。満足に子供たちを旅行にも連れていくこともできない。それどころか、仕事に忙殺され、顔をあわせることも少ない日々が続いていた。そんな中でも家族で物事を楽しむ心は失いたくない。

加納と眞理子は束の間の休日であるお正月は子供たちが自然と笑顔になるイベントを心がけていた。その名残が今も残っている。2人の娘が立派に成人した今でも、加納家のお正月はテレビ番組さながらのエンターテイメント精神旺盛なイベントで賑わう。例えば、「格付けチェック大会」はその典型だ。綾子はすでに結婚しており、その一家と詩織も交え、一同がワインや肉などを持ちより、より高級な品を当てていくというもの。加納は優勝者に賞金を用意する。結果はどうあれ、一家は笑いに包まれる。

加納は2人の娘に密かに教えてきたことがひとつある。それは「リスクとチャンス」という概念である。加納は2人が中学生の頃から、よくジャンケンをして物事を決めていた。買い物に行くのも、食事をつくるのも、ジャンケンで負けた方が受け持つ。中学生の頃の2人の娘にとって、こんな理不尽なことはない。しかし、これが加納の教育哲学の柱にあった。ジャンケンは誰にとっても公平なのだ。グー・チョキ・パーのどれを選ぶのも自分の自由。選んだ結果、勝てるかもしれないし、負けるかもしれない。公平な手段なので受け入れなければいけない。加納にとって、人生はジャンケン勝負そのものだという。その決断と受け入れることの繰り返しだ。リスクを受け入れてチャンスを引き込む。その繰り返しであることを自分の娘2人にも小さい頃から体に染みこませておきたかった。

子供たちが成人してからも加納は折を見てジャンケン勝負を挑む。例えば、外食時の支払いのときなど。子供たちだけでなく、会社のスタッフも友人も加納がジャンケン勝負を挑んでくる姿をよく目にする。加納にとって、ジャンケンでの勝ち負けにはあまりこだわりはない。ただし、その結果を受け入れるという覚悟を常に生活の小さな局面から忘れずにいたいのであろう。だからこそ、子供たちにもそのことを教えたかった。

例えば、綾子が身を置く営業の世界も、このリスクとチャンスが複雑に交錯している。リスクをとらなければチャンスはつかめない。逆に負けたときは潔く受け入れる覚悟も必要。詩織にしてもバーの経営は日々複雑に変化する商売の流れをいかにつかむかにかかっている。その感性や直感を日々鍛えておかなくてはいけない。あるとき、詩織はバーで昼にクリームソーダを売り出し、大ヒットを飛ばした。これも外せば大損失である。リスクをとってチャンスをつかんだ。人生は決断の繰り返しである。その決断自体ができないようでは、チャンスをみすみす逃がすことになる。小さな選択と決断を行える行動力を2人の娘に身につけてほしかった。

「娘たちにも『ジャンケンはただのゲームではない。人生の縮図だ』と伝えていたよ。当時はなにをいっているのかわからなかっただろうけどね」

加納は今でもことあるごとに、いたずら小僧のような茶目っ気ある笑顔で「ジャンケンで決めよう」と言い出す。2人の娘も笑いながらその勝負を受けて立つ。その姿を妻・眞理子も笑いながら見つめている。

第5章　「ワンピース思考」のサイエンスホーム

真壁造りへのこだわり

2006年、加納は新たなビジョンを掲げ、株式会社サイエンスウッドを設立した。

古巣から追われることになった「真壁造り」。日本の伝統工法である柱や梁が露出した状態の家の造りだ。現代の家の造りの多くは「大壁造り」となっている。柱や梁は壁で覆われ露出することはない。ただ、真壁造りと比べ、木のぬくもりを感じられない。モダンで現代にマッチした造りなのかもしれない。しかし、日本人は昔から家に木のぬくもりを感じて生活を送ってきた。日本古来の建造物である神社や寺院の多くは真壁造りである。そこに足を踏み入れると、なんとなく懐かしさを感じ、平穏な気持ちになる。加納が子供の頃を過ごした生家もまた真壁造りであった。

「せっかく木で家を造るんだから、そこで生活する人たちがそのぬくもりを感じられるようにしたい。その方がお客様も喜んでくれるんだから」

そして、加納は真壁造りの組み合わせとして檜（ひのき）を生かしたいと考えた。構造材の85％以上を檜で占める家づくりがしたい。檜は抗菌性や防腐性にも優れ、何よりもその独特な香りが、そこに住む人たちに癒しの効果をもたらしてくれる。現代人は多くのストレスを抱えている。ならば家で過ごすときくらいは、ストレスから開放される、癒しの空間をつくりあげたい。そして、加納が檜へ異常なまでのこだわりを見せる理由はもうひとつあった。妻の眞理子が、市販の建築用木材の家に住み、体調をおかしくしたことがあった。そのとき、家づくりに携わるひとりとして加納は考えた。

「家に住んで健康にならなければならないのに、逆に体を壊すというのはどう考えたっておかしい」

とはいえ、理想を掲げるも実現までの道のりは平たんではなかった。そもそも、大壁造りが主流であった家づくりの常識をひとつひとつ覆していかなくてはならない。そしてなによりもコストの問題である。最高品質のものを最高の価格で提供する…というコンセプトでは、加納が飛び出した古巣の会社と同じで、購入できるのは富裕層ばかりに限られてしまう。良質の家をより安価に提供したい。そのためには、大手のハウスメーカーと違うやり方が求められる。木材や工期といったコストに直接関わる課題に頭を悩ませ、トライアンドエラーを繰り返していく。

木材については国産檜は譲れなかった。あらゆるルートに打診を繰り返し、ようやく条件に適う地元・浜松の製材所を見つけた。直談判を繰り返し、その製材所と直接取引を行うことができるようになった。

そして最大の課題であるコストとの闘いが始まる。家づくりのコストの多くを占めるのは職人の人件費である。加納はこの人件費にメスを入れた。工期はもちろんのこと、職人の現場における作業をできる限り極小化させようとした。あらかじめ製材所に依頼して木材のプレカットを依頼し、現場の作業を減らしていったのだ。もちろん、試行錯誤の連続でうまくいかなかったことの方が多い。プレカットした建材を経験の浅い大工で作業させた結果、うまくいかず結果としてやり直す羽目になったこともあった。しかし、失敗を繰り返した結果、プレカットの精度は確実に向上し、コスト削減に大きな効果をもたらす。腕のいい職人に任せればそんな悩みを抱えないだろう。しかし、腕のいい職人は人件費も高い。「良質のものを安く提供したい」という加納の異常なまでのこだわりは、ときとして周囲の人間を呆れさせる。

「そんなこと無理ですよ…とよく言われたね。でも、そこで諦めたら終わり。何度も何度も試してみたね」

真壁造りと檜の組み合わせは、お客様にも好評だった。やはりお客様はわかってくれる。その中でも嬉しかったのは「病気がちな子供が健康になった」という報告。「やはり間違っていなかった」と加納は確信する。真壁造りへの執念は結実しつつあった。

サイエンスホームの誕生

サイエンスウッドを立ち上げて5年ほど経った頃、古巣のガイアホーム時代のときに一緒に働いていた社員であった影山真人から連絡があった。サイエンスウッドに入社したいという。元部下であった影山はガイアホームが倒産し、路頭に迷っていた。加納もちょうど会社を大きくしていこうと考えていた時期でもあり、元部下の依頼を快く引き受けた。

影山は以前の会社でも営業成績は良い方だった。しかし、半年経ってもまったく契約をとってこない。加納も半年くらいまでは大目に見ていた。とはいえ、半年経っても成果ゼロはさすがにまずい。そこで思案をめぐらし、策を講じた。

影山の方は売れない理由はよくわかっていた。前職の頃から加納がこだわり続ける真壁造りをどうにも好きになれない。「別に真壁造りでなくてもよいではないか」という思いが離れず、営業先でも真壁造りの良さをお客様に伝えることがなかなかできない。さすがに結果も出ない状況が続き、そろそろ辞める覚悟もしていた。

加納は影山の営業成績ゼロ状況が8ヶ月目に入った頃、本人を呼び出した。

「契約とってこないでいいから、この家に体験入居者を集めてこい。家の良さを浜松の人達に知ってもらうには体験でも住んでもらうのが一番じゃ。1ヶ月に4組以上は集めろ。宅急便の兄ちゃんでもヤクルトのおばちゃんでも誰でもええ」

『この家』とは加納の自宅だ。かつて自らの営業成績達成のために建てた90坪の家は娘2人も家を出て、今は妻の眞理子と2人暮らしだった。そんな指示を受けた影山は困惑する。ただ、結婚して妻子もある身だ。ここで「できません」と言えば、また無職の生活に戻る。仕方なく翌日から体験入居者の募集に走りまわることになった。

契約をとるプレッシャーから開放されて、影山は気軽に体験入居者の募集に声をかけてまわる。すると、予想以上の希望者が集まった。その次の週末から体験入居者が泊まりにくる。そしてその場で体験入居のお客様に真壁造りの特徴を説明する。お客様が真剣なまなざしで自分の説明に耳を傾ける。思わず説明にも熱がこもる。影山の心が揺れ始める。次第に真壁造りの家の素晴らしさを理解し始めた。お客様への説明は、実は影山自身への説明であり、自分自身が大きく変わり始めるきっかけをつくった。加納と眞理子も体験入居者に手料理をふるまう。加納自身がクリスマスの時期にはサンタクロースの恰好をして宿泊者を案内していた。すると、翌月から体験入居者が続々と契約していく。あれよあれよという間に影山は半年で3億円の契約を決めてしまった。

加納はこの意外な結果を見て不思議な感覚を抱いていた。それは住宅会社の営業とお客様の関係性だ。零細工務店はモデルハウスなど持っていない。だからお客様の家をモデルハウスとして間借りして、完成見学会を開催したりする。ただ、そこに意気揚々と来られるお客様は大手メーカーなどのモデルハウスに足繁く通う方たちばかり。いわゆる目の肥えたお客様だ。しかし、影山が相手にしていたお客様は少し違う。話を聞いてその時点で「家なんて無理」と諦めてしまう。そんな相手に体験入居を気軽に勧めてみると、お客様も「体験だから」と気軽に参加してくれる。そして、実際に寝泊りしてみるとその良さに気づき、真剣に考えてもらえるわけだ。今まで大手企業と同じ手法で営業をしていたが、ここに大きなビジネスチャンスが潜んでいるかもしれないと感じるようになった。

同じ頃、静岡市の建設会社がサイエンスウッドを訪ねた。真壁造りの家づくりは静岡県内の同業者たちの噂となっていた。その噂を聞きつけ、訪ねてきたのだ。そして「その家を自分たちも売りたい」と言うのだ。加納は驚いた。自分たちが開発した商品を他人が売りたいといっている。どういうことか?ただ悪い話ではない。真壁造りの家づくりが他のエリアにも広まっていけば、より多くのお客様にも実感してもらえる。ただし、売り方など加納は持ち合わせていないし、よその工務店をかまっている余裕などない。「やるなら勝手にどうぞ」と回答し、相手は喜んで帰っていった。

その後、サイエンスウッドの家を売りたいという問い合わせは相次いだ。名古屋や京都の工務店が名乗りを上げ、浜松に来て実際にその家を体感する。国産檜を使ったぬくもりある家づくりに共感を示すが、誰もが驚いたのはその価格だった。京都で名乗りをあげた工務店は真壁造りの戸建建築を依頼され、コストに悩んでいた。そのとき同業者から「浜松の会社は坪45万円らしい」と聞いた。坪75万円は仕方ないと悩んでいるときである。「そんなわけがない」と噂を確かめるため浜松に足を運び、加納の説明を聞き、「売ろう」と直感で決めたという。

当時、サイエンスウッドは加納の地元・浜松と右腕である大石の会社がある横浜の2エリアで営業を行っていた。2社が2エリアでどれだけ頑張って契約をとっても天井は限られる。真壁造りの家は全国で多くの人たちに求められる。ならば、全国へ展開していきたい。加納と大石は議論を続けた。そこには妻・眞理子も加わり、戦略を練る。営業戦略は大石、施工については加納という役割を定め、全国展開の準備が整った。2011年に株式会社サイエンスホームを設立し、良質・低コストが強みである真壁造りの家づくりの全国展開が始まった。

加盟金0円のワンピース思考の経営スタイル

加納と大石が立ち上げたサイエンスホームは一般的なハウスメーカーと随分と異なる。そのひとつが「加盟金0円・ロイヤリティ0円」というフランチャイズ制度である。このことだけでも業界に身を置く人たちが一様に驚く。例えば、大手ハウスメーカーであれば加盟金だけでも高額であり、ロイヤリティも相応の額にのぼる。フランチャイズ本部はその額に見合う加盟店への手厚いサポートを提供する。おおよそどこのフランチャイズを覗いてもこの仕組みで成り立っているといってよい。しかし、加納と大石はその定石をあえて捨てた。実はそれには理由がある。

加納がサイエンスホームを設立してから2年ほど経った頃、滋賀県の工務店から「真壁造りの家を造りたいからノウハウを教えてもらいたい」と問い合わせが入った。木材を仕入れている製材所からの紹介だった。加納は初の県外への進出に胸躍る気持ちだった。ここまで苦労してつくりあげてきた自分の集大成である商品のノウハウを他社に提供する。それなりの費用も頂かないと割に合わない。100万円ほどを考えていた。加納は大石に相談した。

「100万円は高いのではないか?」

大石の反応は渋いものであった。そもそもノウハウって何を教えるのか。加納は設計施工のノウハウを伝えるつもりであったが、営業ノウハウについては大石の希望で「コンサルティングが必要な場合はその都度御見積」という形にした。ノウハウ提供費用100万円で折り合い、加納が滋賀県に向かい施工の説明を行う。説明には何度も足を運んだ。説明には先方の社員が集まり耳を傾ける。

ときには「どうやって売るのか?」と質問も飛ぶ。

その質問に加納は「好きだったら売れるやろ」と答えた。

先方の社員は疑問が解消できない表情で首をかしげるばかりであった。結果、滋賀の会社は思うような成果をあげることができなかった。そのせいだろう。関係も途絶えてしまった。加納は考えた。「何がいけなかったのか?」と。大石に相談する。こんなやり取りが展開された。

大石：お金をもらったのがよくなかったですね。お金をもらうと知らずとお客様になってしまう。向こうも見返りを期待しちゃうんですよ」

加納：いや、お金はもらわないと成り立たんだろ。

大石：加納社長はフランチャイズでお金儲けをしたいですか?

加納：いや、家が売れたら嬉しいだけ。

大石：それであればお金をもらうのはやめましょう。加盟金をもらわず、ノウハウの提供を中心としたフランチャイズを構築しましょうよ。

加納は大石が何をいっているのか、最初は理解できなかった。加盟金をもらわずフランチャイズが成り立つわけない。そう思って反論した。しかし、大石のこの台詞で腑に落ちた。

「いいじゃないですか。加盟金をもらわなければ好きなことを言えるし、別に教えることなくてもいいし」

その通りだ。本部と加盟店はお金の関係だけで構築されるものではない。フランチャイズを展開するときはお金ではなく、加納の家づくりに共感してくれる仲間を集めればよいではないか。大石の言葉を加納はそう捉えた。結果として、このときの構想がサイエンスホームの加盟店制度の礎となった。この加盟店制度を加納と大石は『仲間集め』と捉えることにした。仲間に上下はない。困っていれば相談にものり、色々と協力も惜しまない。共に目標に向かって進んでいる仲間の関係性。もちろん仲間は加盟店だけでない。お客様も仲間。この関係性を具現化して経営をしている姿は、漫画・アニメで大ヒットした「ワンピース」のストーリーそのものなのだ。この『ワンピース思考』の経営こそ、短期間のうちに加盟店が全国に拡大した秘訣ともいえよう。

家は人が売るもの

加納と大石の2人でサイエンスホームは全国に向け始動した。加納は販売戦略全般を大石に一任していた。そこに口は挟まない。今でも同社の販売戦略を問われても「大石に任せているから」と答える。そもそも、加納もトップ営業として活躍していた身だ。営業出身であればあるほど、他人のやり方に口を挟みたくなるもの。しかし、加納にはそれがまったくない。その理由を問われると、加納は笑いながら経緯を語り始める。

加納がガイアホーム時代に真壁造りの新しい商品を開発した頃の話だ。加納は商品に絶対の自信を持っていた。品質も価格もお客様は納得してくれる。黙っていても売れるに違いない。そのことを大石に話をすると、予想もしない答えが返ってきた。

「加納さん、売れるのは商品じゃない。営業がいるから売れるんだ」

加納も意地になって反論する。商品の素晴らしさ、競争優位性を説明するが、大石は譲らない。

「住宅を売るのは人です」

面白くない。せっかく売れる商品を開発し、それを説明している。なのに最初から「商品がいくら素晴らしくても意味がない」と否定してくる。ならば自分で証明してみせよう。加納は更に意地になってこう言い放った。

「こんないい商品なら営業がいなくても売れるわ」

大石も売られた喧嘩を買った。

「ならば、私は売りませんから」

なにも会社は営業中心でまわっているわけでない。商品を選ぶのはお客様であり、商品がよければお客様が勝手に選んでくれる。加納はそう信じていた。そして、実際に自分自身で売り始めた。一方、大石率いる営業チームは真壁造りの商品ではなく大壁造りの商品を営業している。加納は商品が爆発的に売れる姿にほくそ笑む気持ちだったが、1ヶ月経ち、2ヶ月が経過してもまったく売れない。加納は理由がわからなかった。いい商品ならお客様は勝手に選ぶものだと思っていた。加納の目論見はまったく外れた。加納は苦虫をかみつぶした表情で大石に電話をかけた。

「自分が浅はかだった。頼むから商品を売ってくれないか」

大石は穏やかに承諾し、加納の開発した真壁造りの家を見学に来た。そして次の日からチームに大号令をかけ、営業を開始したのだ。すると商品は飛ぶように売れる。加納が当初想像した「注文が殺到」が目の前で繰り広げられている。加納はその情景を眺めながら負けを認めた。

商品がいくら優れていようと売るのは人である。住宅という商品の性質上、その事実は変えられない。加納は商品の優位性ばかりを追い求めていた。どこかで商品のせいにしていたふしもある。もちろん、商品が優れているに越したことはない。しかし、それだけでは足りない。売るのは人であり、営業がその商品に惚れて、共感し、お客様にその熱意を届ける。前述した影山が好例であろう。商品がいくら優れていても、お客様と対峙する営業が商品に疑心暗鬼であったり、共感を持っていなかったりすると、売れることはない。当たり前のことかもしれないが、実は組織活動の中ではいつしか忘れてしまう点である。加納が大石に販売戦略を一任できるのは、大石自身がこの『基本中の基本』を常に大切にして日々の営業活動に臨んでいるからだ。

そして、サイエンスホームの加盟店戦略にも、この『人』という点が重要視されている。先に述べたように、同社は加盟金をとらないフラットな組織運営を実現している。加盟店に求めることは、商品に惚れ、共感すること。その後、大石が全国の加盟店を集め開催することになる営業実践塾である「大石塾」はまさにその心がまえを確認する場でもある。サイエンスホームが「ワンピース思考の仲間たち」と呼ばれる由縁は、この『人』に力点を置いた営業・販売戦略が構築されているからである。

全国展開する苦悩

意気揚々と船出したサイエンスホームだったが、やはり全国へ展開するとなると、今までにはない苦労と苦悩が加納と大石と高良に押し寄せてくる。サイエンスホームの加盟店は全国各地でお客様と対峙しながら、同社の真壁造りの家のメニューやモデルハウスを見ながら契約にいたる。その販売を後方支援するため大石が中心となり、宣伝活動やブランディングを進めている。契約が決まれば、工期に合わせ建材を送り、施工が開始する。お客様と建築の請負契約を結ぶのは加盟店である。つまり、建物自体の品質の責任自体は加盟店が負うことになる。しかし、お客様の認識は異なる。「サイエンスホームの家を買ったのだから」といい、品質について本部に問い合わせる。浜松と横浜で展開していたときと大きく異なるのはその点だ。

自分たちの契約に責任を負うのは当たり前だ。しかし、仕組み的には本部に施工以降における責任は発生しない。だからといってお客様にその道理を説明したところで納得してもらえるわけがない。本部にクレームの入った加盟店の現場を加納と大石と高良は3人で訪れる。お客様には謝罪し、加盟店に改善を要請する。このような仕事が圧倒的に増えたのだ。ネットを覗くと、加盟店の問題をサイエンスホーム全体の問題だと糾弾する内容が拡散される。放っておくと他の加盟店にも影響を及ぼしかねない。自分たちだけでやっていた頃には経験することのない苦悩を味わうことになった。

また、木造建築は実はグレーゾーンが多い分野でもある。建築基準法としても明記はされておらず「望ましい」という表現も多く、設計士の判断によるところも多い。自分たちと懇意の設計士と仕事をしていれば、そのあたりの勘所はお互いに理解しているので齟齬は生まれない。お互いにコミュニケーションも頻繁にとっているので、何かあればすぐに軌道修正も行える。しかし、全国各地の加盟店と設計士が必ずしもそういう関係性を築けているかというと、それは現実にはなかなかない。例えば、柱と柱のパネルの基準値などは懇意の設計士と協議を行い、調整し、確認申請をクリアする。しかし、ある地域の設計士はそれに異を唱え、加盟店も施工が進まず困り果てるという問題が発生する。「ウチは大丈夫で、なぜそちらはダメなのですか?」と高良は問いただすも、相手も意固地になり、「ダメなものはダメだ」と返す。高良も負けていない。「それでは今までウチが建てた家はすべて壊さないといけないな」と返す。それならばと改善に高良は動く。パネル実験基準の2倍の数値を添えて大臣認定をとってしまった。その間、高良はくだんの設計士の懐柔に走り、何度も頭を下げに車を走らせていた。

設立当初は苦労も苦悩も多かったが、加納は全国に仲間が広がる実感が楽しくてしかたなかった。そして、サイエンスホームの加盟店数は優に100を超えるまでに成長していく。

真壁造りの素晴らしさをいかに伝えるか

——日本の伝統を科学するひのきの家

全国の加盟店がそれぞれ開設しているホームページを覗くと、このような共通のキャッチフレーズが目に飛び込んでくる。社名にもあるようにサイエンスホームは「伝統を科学する家づくり」を標榜している。そのヒントを与えてくれたのは加納の妻・眞理子であり、その娘たちであった。

前述したように、妻・眞理子は化学物質を多用した市販の建材が体に合わず、体調を崩したことがある。加納はその真因を突き止めるべく、行き着いたのが国産檜を使った真壁造りの家づくりだった。そしてもうひとつ、大きなヒントを加納に与えたのは娘2人の素朴な質問からであった。

「この家は他の家とどこか違うの？」

加納は真壁造りの歴史から構造について、そして檜を使うことのメリットを説明した。その説明を聞いた娘たちはにわかに目を輝かせたことに、加納は気づいた。

「真壁造りはいい、檜はいいということはなんとなく皆知っている。でも、改めてちゃんと説明すると子供でもこれだけの反応があるのかと思ったんだ」

加納は娘たちのこの反応を思い出した。ちゃんとわかってもらうためには、わかりやすい説明が必要である。なぜ真壁造りがよいのか、なぜ檜を使った家をつくるのか。営業はもちろんのこと、サイエンスホームに関わるスタッフが一様に、「この家は他の家とどう違うの?」という素朴な質問にわかりやすく答えられる必要がある。加納は社内と加盟店の教育プログラムを作成しようと考えた。

加納にとって真壁造りの家づくりとは?

この問いをぶつけても、加納は照れて答えをはぐらかすだろう。ひとつ言えることは、加納にとって真壁造りの家づくりは家族そのものであったのではないか。自分の生まれ育った家の木のぬくもり。そして、妻の健康。木の家にこだわりつづけてきた男は、自分と家族がやすらげる家をつくりたかった。その家づくりの執念のため、会社を追われ、そして多額の借金まで背負う羽目になる。その執念が今日まで折れることがないのは、加納にとって家づくりは家族と過ごすための場所であったからであろう。

第6章　加納語録から読み解く経営哲学

人生哲学

自分の運が悪いとか弱いとか自分で不安を探すような愚かなことは絶対に避けるべきである。

百のことをおこなって一つだけは成った時、九十九に目を向け、力を落とすか
成った一つに目を向け希望を抱くか成功か失敗かの分け目がこんな所にもある。

困った困ったと思うから心も狭くなり知恵もわかないのである。

困っても困らない事である。

悩みや迷いは人間につきもの。

しかしいくら悩み迷ってもその通りにはならない。

自分は自分である。

何億の人間がいても自分は自分である。

そこに自分の誇りや自信がある。

加納文弘

加納の家の屋根裏には彼が自分で木彫りした集がある。彼が特別な仲間を案内する場所である。

ここまでの加納の半生を辿ると、この詩に込めた想いが伝わる。加納の人生は多くの失敗という礎の上に成功を積み上げてきた。世間一般から見れば、加納の失敗の数は成功の数と比して圧倒的に上回っている。しかし、勝負どころで加納は成功をおさめてきた。『失敗を成功の糧にする』。このことをひたむきに実践することの難しさは多くの人が共感を抱くはずだ。加納はその難しい局面の度に、自分の信念を貫いてきた。そこには彼の人生における哲学がある。次項からはその一端を紹介していきたい。

人たらしを超える行動

加納は『人たらし』である。人たらしとは多くの人に好かれる人のことを指すが、一方で人をだますという意味も持つ。ここでいう『人たらし』は《だまされてもよいと思えるほど人から好かれること》という意味で捉えていきたい。加納の仕事人生を辿ると、なるほどやはり『人たらし』なのであろう。加納は社員の前でも次のように話している。

「知識は勉強で身につくものだが、知恵は人付き合いで身につくもの。だから、どんどん人と接すること」

加納の信念は「頭が良いことと勉強ができることは別である」という点。それは「勉強ができても頭が悪い人間はいる」という意味となる。つまり、加納のいう頭の良い人間とは、知識だけでなく、知恵もしっかり吸収している人を指す。そういう人は大抵、人付き合いの中でさまざまな経験をして知恵を身につけていく。子どもの頃の成績などは関係ない。まさに加納の生き様がそれを体現している。

加納の『人たらし』を紹介するエピソードとして、戦友・大石との出会いと口説くためのアプローチの全容を紹介したい。

当時、社内の営業マンからこんな話を聞いた。

「今相手している27~28歳くらいの人はすごいですよ。アパレルメーカー勤務だけど、凄い成績上げていて」

営業出身の加納も興味を抱いた。業界は違っても優秀な営業マンは共通の嗅覚を持っている。社内の営業マンは続けた。

「その会社、週休2日だけど、その人、関西と中国・四国地方を担当していて、四国で営業する際は金曜日夕方17時まで現地にいなきゃいけない。土曜日の昼に浜松に着いて、日曜日は野球部の練習や試合に毎週必ず参加して、月曜日の朝8時には四国の現地に戻るらしい。会社とそういう約束をしているみたい」

加納はますます興味が沸いてきた。結果的に加納も加わり、大石の家づくりを手伝うことになった。大石がお客様となり、話をする機会も格段に増えた。この話の中で加納は大石の実直な性格を感じとった。

「とにかく会社の自慢話をする人だった。今の会社は規律が正しくて上司が素晴らしい…など。営業として考えたらどうしてもウチに来てもらいたいと思えた」

大石の家の上棟の日、加納はこんなことを大石に話をした。

「大石さん、家の借金ができたけど、ウチで働いたら10年くらいで返せるよ!」

お客様相手に失礼極まりないと言われても仕方がない。しかし、なんとか大石を口説きたい。加納は必死になって誘う。そしてようやく飲みに行くことになった。

加納はけっこう質素でケチな方なので女性が接待する店にはほとんど行かない。姉の幸子がスナックやクラブを経営していた際に実家によくホステスが集まり忘年会などを開いていた。女性たちが客の愚痴を肴に飲み食いしている姿を見て、釈然としない気持ちを抱いていた。「客は高い金を払って店に行っているのに、この人たちはなんで文句ばかり言うのか?」。そんなわだかまりがこびりついていたため、そのような店に顔を出すこともあまりなかった。しかし、今回は大石を口説くためである。当時の会社から30万円の経費をもらい勝負に出る。

繁華街を5件くらいはしごして飲み歩いた。当時、ブランデーのヘネシーやVSOPがどこの店でもステータスのごとく置いてあった。加納は、はったりだけは誰にも負けないと自負していた。店に入る。「おー！ここにいるのか」「ヘネシー、キープね！」さも常連のように装う。30分ごとに店を次々とまわる。その様子を見て大石は尋ねる。

「いつもこんな飲み方をしてるのですか？」

得意げに加納が応える。

「そうだよ。住宅会社ってもんはそんなもんよ！」

その後6カ月くらい経って大石は入社することになる。年間12棟の目標を掲げ、営業に励んでいた。大石と酒を飲んでいた席で相談があった。11月の頃でそろそろ営業のラストスパートをかけなければならない。大石は4棟の契約を獲得していたが、なかなか思うように契約がまとまらず悩んでいた。酒の勢いもあったかもしれないが、加納はこんな無謀なアドバイスをしてしまう。

「そうだな。今４棟契約しているよね。だったら12月31日夜の10時頃、紅白歌合戦の中盤を過ぎたあたりに嫁さんと子ども連れてお客様の家に訪問するといい。『こうして生活できるのはお客様のおかげです』と土下座して、涙の一粒でもこぼしてくればいいよ」

随分と好き勝手な事を言ったものだ。

しかし、大石の凄いのはこの加納のアドバイスをそのまま聞き入れ、実際に行動に移してしまうところ。そんなこんなで目標の年間12棟契約を達成してしまったのだ。

加納はそんな大石をお客様という立場から口説き落とし、入社してもらう。その後も自身の会社の右腕として登用し、高良と共に全国展開にまい進する。ちなみに、一緒に働きはじめてからは、加納と大石の２人はクラブやスナックなどの店に一緒に行ったことがない。まさに加納の一世一代の大勝負だったといえよう。

「すみません」の一言

加納と接していると不思議な感覚に陥る。特に社内で接する加納は、誰がどう見ても「社長」らしくないのだ。その代表的なことの一つが、社内での「ありがとう」「すみません」の多用だ。例えば、売上が好調なとき、加納はスタッフひとりひとりに「ありがとう」と感謝の言葉を贈る。ただ、これは正直にいうと難しいことではない。人間としてより難しいのは自分の非を認め、相手にあやまることである。人間にはプライドがある。ましてや会社のトップともなれば立場もあり、相手に謝罪をすることが難しくなる。まわりの『偉い人たち』を見てみれば納得するだろう。人はなかなかあやまれない生き物である。

ところが、加納はいとも簡単にあやまってしまう。自分がまちがっていると知ると、親に叱られたときの子供のように謝罪の弁を伝えることができるのだ。このあたりが普通の人間と少し違う。それは、彼が多額の借金を背負うことになったときの話からもうかがえる。

サイエンスウッドを立ち上げて間もなく加納は古巣であるガイアホームの債務の肩代わりを

することになった。この話は前述した通りである。その際、彼は社内でさまざまな改革を断行していく。それは、資金繰りを改善し、経営を軌道修正するためだった。スタッフも皆、加納に降りかかった苦難を理解し、懸命に駆けまわった。しかし、なぜスタッフが一丸となって危機を乗り越える動きができたのだろうか。

その理由はある朝の社内における加納の言動にあった。彼はスタッフ全員を集め、債務について説明することにしたのだ。その説明の最後に皆に向かって「すみません」とあやまったのだ。スタッフも動揺を隠しきれない。しかし、目の前でトップが包み隠さず事情を説明し、謝罪までする。加納を信じて動くしかない。スタッフは加納を信頼し、尊敬の念で見つめた。普通ならばすべて説明する必要はない。過去の恥ずかしい過ちでもある。でも、加納はすべてを包み隠さず話し、そして心からあやまる。

実は加納もすべて話をするかどうか、おおいに悩んでいた。しかし、話をしないことでモヤモヤとした気分となり、自分自身のストレスにもなる。若い頃、営業で失敗を重ねて落ち込んでいたとき、上司にこう言われた。「問題はその場で解決しろ。あとに持ち越すな」。加納はその言葉を今でも忘れていない。問題を先延ばしにしても、あとになればなるほど解決が難しくなる。ならば、その場で解決する方法を加納は常に選んだ。自分に非があれば、その場で謝罪し、軌道修正のスピードを速める。加納の人生哲学ともいえる。

加納はスタッフに謝罪をしてから、会社経営を大きく転換していく。それまでは銀行融資を頼みにした資金繰りを続けていた。「契約さえ取れればなんとかなる」という気迫で乗り越えてきていたが、それ以降は銀行融資頼みではなく、自分たちで資金繰りをコントロールし、経営の安定化をはかった。財務ミーティングを開催し、スタッフ全員に財務状況を公開し、改善点を協議する。おかげで会社の透明性は高まり、スタッフも自発的に改善に動くようになった。

債務の肩代わりは加納にとって青天の霹靂といえる重大事であった。正直にスタッフに話すことで去っていく人間もいるだろう。会社を畳むことになるかもしれないリスクも大きかったはずだ。それでも、彼は事実を話をして「すみません」と皆に詫びた。小さな一言かもしれないが、実はこのことが後のサイエンスウッドの繁栄、そしてサイエンスホームの誕生につながっていく。

常に応援する立場であり続ける

サーバントリーダーシップという言葉を聞いたことがあるだろうか?意味を調べると「リーダーは相手の役に立ち、相手を導くものという考えのもとに生まれた支援型リーダーシップ」とある。日本はどちらかというと、旧来のトップダウン型のリーダーシップが注目されがちである。しかし、価値観の変化と多様化の時代を迎えた現代においては、サーバントリーダーシップ型が注目されるのも頷ける。

さて、加納はどのタイプかと見ていくと、見事にサーバントリーダーシップを発揮するトップであると明言できる。彼と接していると、ときとして他人に関心がないような印象を持つことがある。しかし、それは誤解であることに気づく。加納は経営陣やスタッフに対して、自分でも臆病なくらい気をつかって接していることがわかる。

「なみなみと水が注がれたコップを扱うような気持ちだね」

加納は笑いながら話すが、実はこれが彼の本音であろう。
先に登場した影山もそうだが、加納は伸び悩んでいるスタッフにそれとなくヒントを与える。そして、スタッフはチャレンジする。スタッフたちには失敗を許容する文化を根づかせた。

「仲間が困っていたら相談に乗るし、なんとか応援しようと思う。それだけなんだよね」

簡単に言うが組織運営においてそれが容易でないことは多くの人が知っている。しかし、加納と大石と高良はその関係を加盟店運営にまで根づかせてしまったのだから、やはり普通の人たちからすれば「不思議な会社」に映るだろう。

この経営スタイルは多くの書物や先人からの教えから学びとったものではない。加納自身が多くの失敗を重ねた体験の中で、関わる人たちとの関係性に人の何倍も気を配ってきたからだろう。だから加納は今でも社内で誰よりも「ありがとう」「すみません」という言葉を発する。部下であろうと敬語で接する。加納が何よりも嫌だったのは、組織が硬直化し、まともにコミュニケーションがとれなくなること。そうならないためにも自身が実践しているだけなのだ。おかげでスタッフは失敗を恐れず、成長を目指せる環境に身を置くことできる。これが、ワンピース思考の加納が目指す理想の姿ともいえる。

第7章　新たな未来をつくりだす

M&Aに想いを紡ぐ

加納が59歳のとき、思いもよらない話が舞い込んだ。M&Aの話だった。サイエンスウッドを立ち上げてから全力で走り続けてきた。真壁造りを商品にして、工期短縮とコスト圧縮に命を賭けて取り組んできた。サイエンスホームを立ち上げ、加盟店は全国に広がった。ホッと一息つく、いわば階段の踊り場のところで息を休めているときに不意にそんな話がやってきたのだ。創業者ならば皆、同じように悩むだろう。加納もふと次の時代を考えた。

サイエンスホームは加納と大石と高良が全国に拡大させた。加盟店の契約は加納が自ら出向く。そこで加盟店の社長と意気投合し、酒を酌み交わす。お互い同志であり仲間意識が更に強固になる。いわば加盟店は皆、加納のファンになってしまう。加納もそれを狙って加盟店に足繁く出向く。大手ハウスメーカーのような利害だけで成立しているわけではない。皆、加納の家づくりに共感して仲間となり、一緒の船に乗るわけだ。

しかし、この後を継ぐ者のことを考えると安穏とした気持ちではいられない。加納や大石という強烈な個性があり、サイエンスホームは成立しているともいえる。しかし、その後を継ぐものも同じやり方を引き継げるかといえば、それは微妙といえるだろう。だから加納もM＆Aの話が来たときに、自分なりに真剣に考えてみた。そして、話を聞いてみることにしたのだ。

実は複数の会社がサイエンスホームのM＆Aに名乗りを上げていた。話を聞くなかで、やはりどうしても譲れないものがあった。それは『真壁造りの家づくり』である。加納の原点でもある、木のぬくもりが感じられる家づくり。これだけは手放したくない。

もともと、日本は昔から真壁造りが一般的だった。しかし、戦後の経済成長の中で西洋風住宅の普及が広まり、内装の自由度や耐久性、工期短縮などの優位性を謳いながら大壁造りが主流となった。しかし、加納はその流れに異を唱え続けた。

「日本人は古来、木の家に住んできた。本当に安らげる家は真壁で造るほかない」

業界の常識に真っ向から反対し、その普及に心血を注いできた。

どんなに好条件であろうとも、その信念を捨てろと言われたら、加納自身はその場で席を立つつもりであった。そんな覚悟を持って話を聞いていくと、自分の想いを継承し、更に事業も拡大できると感じられる会社と出会った。それが綿半ホールディングス株式会社だ。長野県内にスーパーマーケット、ホームセンター、ドラッグストアを展開しており、東証プライム市場に上場を果たしている。住宅市場への参入を目指し、サイエンスホームに注目したのだ。

次の世代を考えたとき、やはり事業の継続性という意味では大資本の傘下に入ることは安定感を得られる。加えて自分の家づくりの想いもそのまま引き継げる。小さな小舟で海原に出た加納は、やがて仲間を増やし船の規模も拡大した。そして、最後に最も強力な仲間が現れた。加納は綿半ホールディングスとのＭ＆Ａに合意した。

現在、綿半ホールディングスは木材会社、プレカット加工業者などもＭ＆Ａをして本格的に住宅産業への参入を果たし、さらなる成長を続けている。加納は同社の顧問であり、現在はサイエンスホームの会長でもある。そして、グループの別会社である住宅会社の代表も務めている。

「勉強できなくて、しかも大学も行っていない俺が今では上場企業の顧問だからね。わからないもんだよね」

加納は悪戯小僧のように笑いながら話す。

六十にして天命を知る

――六十にして天命を知る

人間は50歳くらいでようやく自分の人生の意味を理解するという。加納が育てたサイエンスホームは自身が59歳のときに綿半ホールディングスの傘下に入り、真壁造りでやすらぎの家づくりを全国規模で展開している。加納が尊敬する人物に米国の実業家であるカーネル・サンダース（本名：ハーランド・デイヴィッド・サンダース）がいる。誰も知っているケンタッキー・フライド・チキンの創業者である。

1890年生まれのサンダースは若い頃から職を転々としていた。ガソリンスタンド経営に乗り出すが大恐慌の煽りをうけ、倒産。再度、場所を移してガソリンスタンド経営に乗り出したとき、客に言われた「カフェをやったらどうだ」という一言が彼の人生を変えた。小さなテーブルを用意し、始めたカフェが後にレストランに拡大し、目玉となったメニューがフライドチキンだった。その後、サンダースにまたも苦難が訪れる。国道沿いに位置したレストランは繁盛したが、火災に見舞われ消失。再起をはかるが、間もなく高速道路が開通し、国道沿いがさびれていく。サンダースは資産をすべて売却し、米国全土でフライドチキンのレシピを売り歩いたのだ。そして最初のフランチャイジーとの契約を果たし、ケンタッキー・フライド・チキンは米国全土に拡大していく。そのとき、サンダースはすでに65歳を迎えていた。

加納はサンダースの生き方を愛している。何度挫折しても立ち上がり、前を向く。自分自身の生き方にも共通するところが多い。加納もまた挫折を味わい、そして立ち上がり、再起を果たした。そして60歳を迎える直前に、上場企業の傘下に入ることになった。そこで求められる責任と役割も今までとは性質が異なるものになってきていることを彼自身も肌身で感じている。2024年には65歳を迎える。奇しくもサンダースがケンタッキー・フライド・チキンを創業した年齢と重なる。

加納の新たな挑戦は綿半グループの一員として、住宅産業を中心とした地域社会への貢献である。真壁造りの家づくりで木のぬくもりを感じられる住宅開発を展開することはもちろんのこと、人々が住む街を豊かにすることも大切なテーマだ。逆に今までの加納たちの視点では、なかなかそこまでかかわりを持つことが難しかったことでもある。「会社は社会の公器である」と言ったのはパナソニック創業者の松下幸之助である。綿半グループの一員となり、加納もその言葉の重みを実感する。次の世代へ伝承しなければならないものは数多く残されている。加納の新たな挑戦はこれから始まる。

カーネル・サンダースが第一線を退いたのは74歳のとき。加納にはあと10年の時間がある。

「そこまでやるかなぁ」

屈託のない笑顔でそう答える加納だが、顔には「やる」と書いてあるようだ。

「次は何をやらかすのか？」

追いかける側も興味が尽きない。

最後に加納が語る未来を記録しておきたい。

これから、まだまだチャレンジしたいことは沢山あります。

生涯現場でいたいと思っています。

特に私のライフワークでもありますが、日本の未来の家、真壁づくりをもっと究めて広げていきたいと思っています。

それゆえ、綿半ホールディングスの傘下に入ったといっても過言ではありません。

今の日本の家は高額であり、使い捨てになっています。

本来は日本の家は古来ある寺院のように、住めば住む程、愛着がうまれ、価値も高まるものです。

その建物に優れた耐震性や断熱性をプラスしてリーズナブルな価格で提供することが自分の

仕事です。

私の理想を実現するにはまだまだ時間がかかるかもしれませんが、とことんやっていきたいと思います。

あと何年かすると日本は真壁の時代になり、新築の着工件数の半分以上を占めると考えています。

その先駆けになりたいと思います。

日本人は日本の家に住むべきです。

自分のビジョンは『真壁の家を高品質、低価格で作ること』です。

発刊に寄せて

『真壁の家を高品質、低価格でつくること』


「高品質でつくれる人」や「低価格でつくれる人」は、探せば見つかる。

しかし、「高品質かつ低価格でつくる」には、加納イズムが欠かせない。

私は、加納会長と共に歩ませてもらい、夢を抱くようになりました。


私の夢は、日本の伝統的な工法「真壁づくり」を、日本人に最も愛される家「日本の家のスタンダード」に復権することです。

「真壁＝Japanese Standard」


家は家族そのもの。子供が生まれ育つ家として、ぬくもりが必要。そして家族の健康や笑顔のために、やすらげる場所でなくてはならない。

「真壁づくり」は、家族と過ごす場所として最適で、健康的で地球環境に優しいものです。それだけではなく、すぐれた耐久性を持ち、資産価値が下がりにくいため、空き家問題や中古住宅市場の活性化にも効果があり、持続可能な社会に貢献できます。

私自身が「真壁づくり」に関わるきっかけは、生き残るためでした。会社の特徴をつくるため、探し当てたものでした。

しかし、自ら「真壁づくり」の家に住み、惚れこむようになりました。会社も自分自身も成長し、仕事自体（生活）が趣味となり、笑顔で楽しめるようになりました。弊社の社員もほとんどが既に家を建て、「真壁づくり」の家で幸せな生活を送っています。
その理由は、単にデザインや性能だけではなく、「真壁づくり」には、加納会長と同じように、言葉で表現しきれないポテンシャルがあるからです。

これからは助けられた「真壁づくり」に恩返しする番です。
力を合わせ、分かち合い、響き合う
綿半ホールディングスの企業理念にもあるように、合才の精神で、社員や仲間と共に自身の生活体験を魅力として発信し、「真壁づくり」を通じて、地域社会の活性化と人々のより良い生活環境構築のために進むことが私の夢であり、人生の目的です。

笑顔で楽しい家庭が日本中、そして世界中に溢れるよう、伝統を科学し続けます！

サイエンスホーム鹿児島／小山工建株式会社
日当瀬　賢

一緒にいたら面白そうと思える人

「この人と一緒にいたい！」

一言でいうと、加納会長は、そんな人だ。人間くさくて、不思議な魅力がある。考えていること、話すこと、行動が一緒。とても気持ちがいい。

信用できる人、信用できない人、世の中にはいろいろな人がいるが、加納会長は、そのまんま。信じるも信じないもない。FCの本部、加盟店という関係を超えた。加納文弘と橋本英文という付き合いを何年もさせてもらっている。

加納会長と、初めて会ったのは、私がまだ住友林業で営業マンをしていた時、工務店を経営していた、実家の八戸（青森県）の父から、「加納さんと一緒に、真壁づくりのサイエンスホームを普及していきたいと思っている。浜松に行って見て来てくれないか？」

「親父がそこまでいうのか」。と興味が湧いた。

浜松でサイエンスホームの建物と共に、出会ったのが、加納会長だった。まず、このサイエンスホームの建物に圧倒された。自分で建てて自分が住みたい。そう感じた。そんなふうに思ったのは、初めてだった。真壁づくりで日本の家そのものが変わるかもしれない。

住む人が、本物の素材を使った、本物の家に住める。上棟したら完成。工務店が、きちんと利益をとる。この家を手の届く価格帯で作る。だから、信じてほしい。

そんなふうに話をしてくれた。

この人と一緒にいたら面白そう。

私は、家づくりの現場で、いつも感じることがある。注文住宅は、何もない状態で契約していただく。信用できるかどうか。結局、家を作るのは人。工務店とお客様という関係を超えて、人と人の付き合い。加納会長と私の関係も、サイエンスホームの本部と、加盟店って思ったことは一度もない。なんでも相談できるオヤジのような存在。加納さんは、お客様との付き合いも、私たち加盟店との付き合いも、家族と同じように接してくれているんだろうなと思う。

そんな、加納会長と志を共にすることが、私は楽しくて仕方がない。

サイエンスホーム八戸

橋本　英文

人生が変わった！私のメンター！

加納さんとの出会いは、私が前職で務めていた建築会社がサイエンスホームの加盟店募集の紹介を受け、当時の社長と私ともう一人の当時幹部と共に浜松で開催されたサイエンスホームの事業説明会に訪れたことがきっかけです。

ここで私の状況を少し説明します。高校卒業後一浪して技工士の専門学校に入り、国家資格をとって就職し20歳から23歳まで歯科技工士として技工所に勤務しました。23歳の時に父が急に心筋梗塞で他界、当時の歯科技工士の業界って超ブラックでして、23時より早く帰宅できた記憶が無いほどでした。私は三つ上の姉と二人兄弟だったので、父の急な他界もあり、家族でよく会っていました。姉は長く付き合って結婚したばかりで、私からしたら義理の兄貴が出来ておりました。その兄貴が工務店の息子で大工職人をしていたのです。23歳の私は技工士でやっていく事に自信が持てなくなっていまして、この義理の兄貴に建築の世界に誘ってもらい、義兄の弟子として大工見習から始めました。23歳から大工になり義兄の実家の工務店で35歳まで働いた後、色々あって前職の建築会社で最初は大工として転職しました。この建築会社、入った後で分かるのですけど、資金繰りに追われ自転車操業をしていました。そこで紹介されたのがサイエンホームでした。我々からしたら渡りに船的な話なのもありまして、とても魅力的に見えましたし、事業説明会で出会った加納さんに私は惚れてしまったのです。

当然加盟しまして、私はその会社でつくる人から売る人になりました。

その後、自分で創業資金を調達し、起業するに至ります。ずっと見ていた加納さんも応援してくださり、木の家という会社も創り、サイエンスホーム広島店としてスタートできたのです。

出会いから10年かな?うちの会社も8期目を迎え、8名の会社になり60棟目を建築中です。加納さんが創ったサイエンスホームが無ければ、私の今はありませんでしたし、加納さんに社長にしてもらえたとも勝手に思って今も大好きな加納さんと呑むのが何よりの私のご褒美なのです。

彼の哲学である、信じて疑わない、愛してやまない。この言葉を信じ、愛して来てほんと良かった。まだまだついていきます!

サイエンスホーム広島
梶谷　真一

あとがき

どうも波長が合う。

加納文弘と巡り会ってからずっと不思議に思っていたことだが、本稿をまとめていて、その理由が鮮明になった気がする。同じ創業者同士ということだけでなく、彼とは都会ではない田舎育ちという点もその理由として大きいのだろう。あとは彼の職人気質の仕事ぶり。実は私自身も匠と呼ばれる日本の技術の粋を世界に広めていきたいと思い、創業時に共創の匠という商標をとった。今は、匠の技を後世に伝えるべく、ウェブや紙媒体で情報発信を中心とした活動もしている。本書を上梓することも、加納文弘という家づくりの匠を更に世に知らしめることになるだろう。原稿を何度も見直す度に、ふと考えることもあった。

「日本のモノづくりはどうなるのか?」

資源の少ない日本にとってモノづくりのノウハウは唯一無二の財産であろう。これが次世代に継承されないとどうなるのか？日本はまったく異なる国へと変貌してしまうのではないか。そんな不安に駆られる。

田舎育ちで親父が怖い。子どもにとっては理不尽なことばかり。加納文弘の子ども時代を辿るにつれ、自分自身の境遇と似ていて驚いた。ただ、昔の日本はそういう環境が当たり前であった。逆にそのことが成人し、社会人となり、会社を起業するという立場になると活きてくると知った。現代風にいえば『レジリエンス』となるだろうか。田舎という閉鎖的な社会で、親父が怖ければ、おのずと子どもは何かを感じる。今のような情報化社会ではない。他人と比較する術もない。家に帰れば父親と母親、そして兄弟・姉妹が肩を寄せ合いその日その日を全力で生き抜いている。彼も私もそういう時代に生まれ育った。

「厳しい環境で理不尽を経験した方が人間は逞しく生きる力を養える」、こんなことを酒の席でも口走ろうものなら、古くさい価値観がこびりついた昭和のオジサンと後ろ指を指される時代だろう。今は、私も多少は心得もできた。今の子どもたちや若者に同じような経験をさせろとは言わない。しかし、考えてしまう。草木は自然の中に身を置き、雨風にさらされることがないと、大きく育たないのではないか。人間の世界も同じことがいえるのではないか。

今の日本はダメになったという意見も多く聞く。新興国で過ごしてきた時間が長い私には、一概にそうですねとは同意できない。なぜなら、日本もかつては、今の新興国のように貧困で混とんとしていて、ひたすら皆が、今日よりも少しでも良い明日を目指して頑張っていた。生きる力がみなぎっていたのだ。そういう時代と今を比べて論じること自体がナンセンスだと思う。

思い起こしてみれば、加納と出会って10年は優に超えた。はじめは、私の経営する会社のオフィスに来社いただいた。建築関係のビジネスをする知人からの紹介だった。およそ社長らしくない加納には率直に驚いたことを今でも鮮明に覚えている。それだけ、第一印象が強烈だった。すぐに浜松の本社を訪ねた。そこでは、加納から、サイエンスホームの素晴らしさを一時間以上熱く聞かされた。その場で、代理店になることを即決した。

しばらく、ビジネスの付き合いが続いた。創業者同士は不思議と馬が合うのは事実だ。創業者が孤独という世間で言われることも当たっている。友達がいないわけではない。立場や話が共有できる人が少ないだけだ。創業者の数を知ったら容易に理解できる。だが、ビジネスをする関係にあると、創業者同士でも真の友にはなりにくい。どうしても、利害関係者だからだ。

そういう意味では、ビジネスの関係がなくなった数年前からが、加納との本当の付き合いが始まったように思う。

それにしても、正直、目の前にいる飲み仲間の半生を綴ることになるとは思わなかった。飲むたびにジャンケン勝負を挑んでくる不思議な人間だ。大役を仰せつかったわけだが、おかげで加納文弘という人間を客観的に眺めることもできた。同じ創業者としても魅力的な人物であることは間違いない。若い人たちが真似をしようとしても、今の時代、こんな生き方をしていたら変人呼ばわりされるかもしれない。とはいえ、若い人たちには本書からつかみとってもらいたいモノがある。

それは「人間は結局ひとりで生きることはできない」ということ。

家族がいて、職場の仲間がいて、近所の方々もいる。そういう関係性の中でそれぞれが何かを追い求めて生きている。やりたいことも違えば、価値観も違う。でも、人と人とのつながりの中で、もがいて、裏切られて、助けられる。親の考えていることを子どもがすべてわかることはないし、その逆も然り。社長と社員の関係、夫婦も然り。子どもの頃、勉強ができず、いじめられっ子だった加納文弘がどうして現在の立場に辿りついたのか。それは複雑怪奇な人と人との関係で培った経験を自分の人生の礎と価値に変えることができたからではないかと思う。

加納は創業者であるから、世間からは特殊な存在に映るかもしれない。しかしながら、加納の本をまとめていて、加納が創業したのは、たまたまだったのではないかと思う。私は、人生におけるキャリア形成は偶然が大半を占めると思っている。そういうことを語る有名な論文もある。もちろん、計画通り進む人生もありである。しかし大半はたまたまに起こる機会や出来事を、チャンスに変える。加納はそういう典型的なタイプであると確信する。

さて、加納文弘の夢の実現はまだ先になりそうである。その夢の実現に向けた本書の続編の仕込みの準備をしておこう。10年後に改めて、その後の話を聞きたいものだ。その頃はお互い、爺同士。酒でも飲みながらまた語らいたいものだ。そのことを楽しみにしながら、本稿の筆をおくこととする。

加納 文弘　（かのう・ふみひろ）

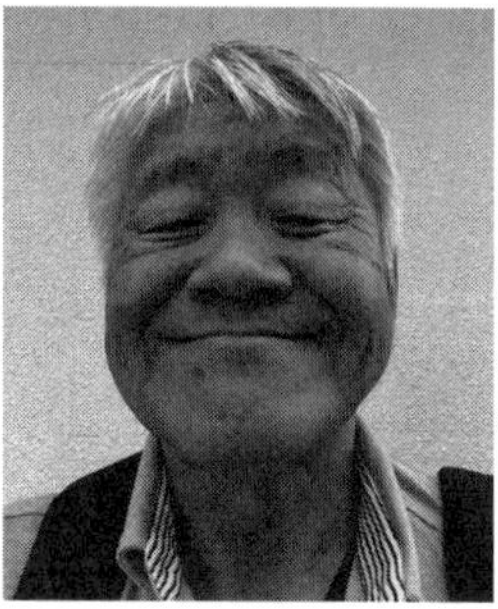

石川県出身。高校卒業後はハウスメーカーにて営業を担当。地元のほか、転勤先の名古屋や浜松でもトップの成績を出し続ける。29歳で独立し、以後「低価格で高品質な家づくり」を追及。45歳で株式会社サイエンスウッドを設立後、続いて「一人でも多くのお客様に高品質な家を提供したい」との想いから全国への展開を加速し、住宅メーカーとして株式会社サイエンスホームを設立。

現在の役職

(株)サイエンスホーム 代表取締役会長

(株)綿半ホームズ 代表取締役社長

(株)綿半林業 取締役会長

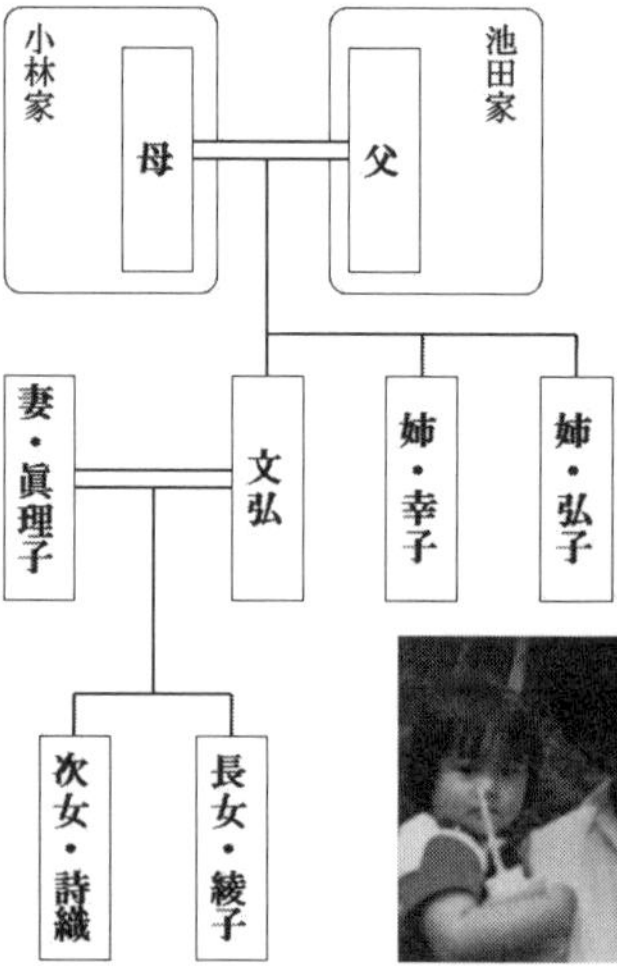

加納文弘の著作ご案内

2019年12月

定価　1500円（税抜）

ISBN　978-4-7782-0464-8

真壁づくりの家を建てる！

加納 文弘　著

本書では、木の家好きに選ばれる5つのポイントを挙げながら真壁づくりの家、そしてサイエンスホームが建てる家の魅力をご紹介。

木の家が好きなお客様に選ばれる理由とは何か？真壁づくりの家が持つ魅力やメリットは？

サイエンスホームがなぜ人気なのか？など、木の家を建てたいと考えるすべての皆様に読んでいただきたい一書です。

◇◇

2016年10月20日

定価　1300円（税抜）

ISBN　978-4-7782-0367-2

ワンピース思考の仲間が、木の家を建てる!!

加納 文弘　著

「低価格で高品質」「匠でなくても建てられる」という、常識を覆す木の家を提供するサイエンスホームが掲げるワンピース思考とは、仲間と助け合いながら目標を達成するというもの。その中に現状の変革を必要とする者へ突破口へのヒントが隠されていた。

(株) サイエンスホームが
東証一部の綿半ホールディングスのグループ化

(株) サイエンスウッド設立
代表取締役社長に就任
初年度より黒字化

(株) サイエンスホーム設立
代表取締役就任

：) ガイアホーム設立
務取締役就任

38才
1998年

48才
2008年

55才
2015年

45才
2005年

50才
2010年

59才
2019年

(株) ガイアホーム倒産
借金2億円を背負う

サイエンスウッド事業部にて
真壁造りの家づくり開始

全国47都道府県（加盟店140社）で全国展開

加納文弘の歩み

石川県で誕生
家族は、父・母・長女（弘子）・次女（幸子）

200名を擁する中で住宅販売トップセールスにな

浜松営業所転勤

(株) ニューハウス工業退

18才
1979年

19才
1980年

28才
1988年

0才
1960年

22才
1983年

25才
1985年

29才
1989年

現場監督時代に受注獲得
営業部門に配属される

浜松営業所長に就任

石川県立高校卒業
大学進学を断念し、
(株) ニューハウス工業入社

近藤 昇

株式会社ブレインワークス代表取締役（１９９３年創業）

一級建築士、特種情報処理技術者の資格を有する。創業以来、中小企業の経営のペースメーカーを軸に、企業・官公庁自治体などの組織活動（ＩＴ活用、経営戦略、海外進出など）の支援を手掛ける。一方、アジア・アフリカなど新興国ビジネスに精通し、特に１９９９年に現地法人を設立したベトナムを基点として、東南アジアにおける事業創造・事業推進支援の実績は多数。２０１６年、アフリカ・ルワンダに現地法人を設立、アフリカのビジネス活動にも取り組んでいる。２０２０年７月１日に設立した株式会社ＩＴグローバルブレインの代表取締役に就任、ＩＯＴ、情報セキュリティ関連の専門会社として活動中。代表的な著書に「ＩＣＴとアナログを駆使して中小企業が変革する」、「もし自分の会社の社長がＡＩだったら？」、「もし波平が８５歳になったら」、「真・情報化時代の幕開け」（いずれもカナリアコミュニケーションズ刊）など多数。

百折不撓

日本の伝統工法「真壁」の木造住宅の
全国展開を実現した創業社長
加納文弘の挫折と再起の人生を辿る

発行日：2024年6月20日（初版発行）

著者　：近藤 昇

発行所　：株式会社カナリアコミュニケーションズ
〒 141-0031　東京都品川区西五反田 1-17-1
TEL：03-5436-9701　FAX：03-4332-2342
http://www.canaria-book.com/

装丁　：加納 詩織

DTP　：株式会社ブレインナビオン

印刷所　：株式会社昇寿堂

ISBN978-4-7782-0524-9 C0034

カナリアコミュニケーションズの書籍のご案内

2007 年 3 月

定価　1200 円 (税抜)

ISBN　978-4-7782-0040-4

一流ビジネスパーソンへの登竜門

バカモン!

近藤 昇　著

時代は叱らなくなった。会社というものが人を育てなくなったのだ。逆境を知らないから、いざという時役に立たない。ガラス細工のような接し方で、人間が育つわけがないのだ——。

叱られ、恥をかき、それでも努力し、必死の思いでひとつひとつ乗り越えてゆく。著者の愛情を込めた「バカモン！」と共に贈る。

◇◇

2021 年 1 月 15 日

定価　1300 円 (税抜)

ISBN　978-4-7782-0471-6

続・仕事は自分で創れ!

近藤 昇　著

コロナ禍の真っ只中、ブログを書き続けた著者が問いかける人生論と仕事論の集大成。

描き続けてくることで見えてきた生きることの心理とは？

不安定な時代を生き抜くヒントがここにある！

カナリアコミュニケーションズの書籍のご案内

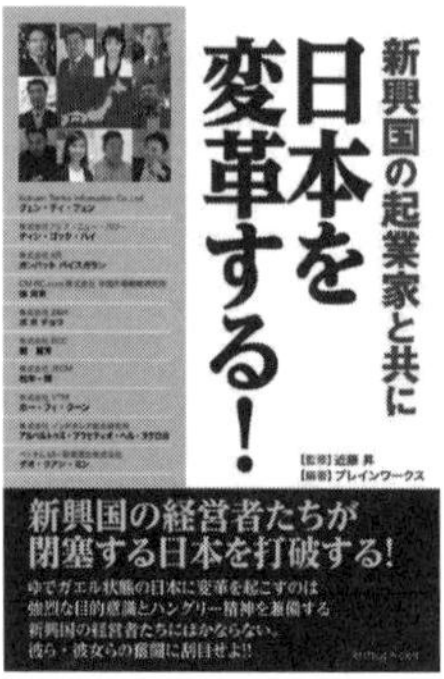

新興国の起業家と共に 日本を変革する!

近藤 昇／ブレインワークス　著

新興国の経営者たちが閉塞する日本を打破する！ゆでがえる状態の日本に変革を起こすのは強烈な目的意識とハングリー精神を兼備する新興国の経営者たちにほかならない。彼ら・彼女らの奮闘に刮目せよ！！

商売の原点は新興国にあり！新興国の起業家と共に日本の未来を拓け！！

2018年3月26日
定価　1400円(税抜)
ISBN　978-4-7782-0417-4

◇◇◇

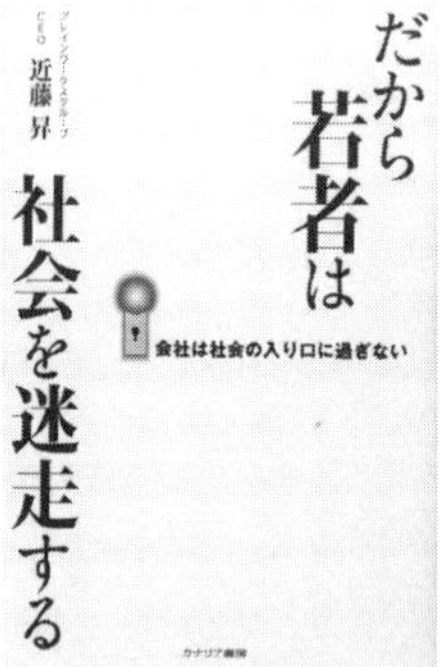

だから若者は 社会を迷走する

近藤 昇　著

現代の若者に捧げる珠玉のメッセージ。

日本とアジアで活躍する著者が若者にエールを送ります。大学生、社会人生活をスタートさせたばかりの方々に勇気と希望を与える1冊です。

経営者からの学生や新入社員へ向けたメッセージを是非読んでみてください。

2009年2月23日
定価　1200円(税抜)
ISBN　978-4-7782-0096-1

カナリアコミュニケーションズの書籍のご案内

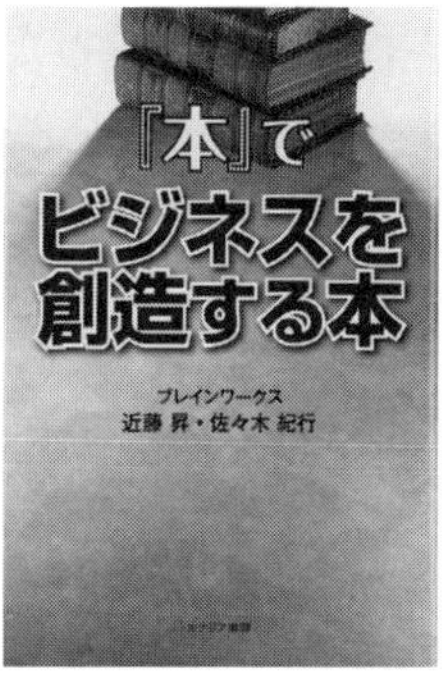

『本』でビジネスを創造する本

近藤 昇 / 佐々木 紀行　著

起本は何度でもおいしいツール。本を使ってビジネスを創り出すノウハウを伝授！

出版不況と言われる今、なぜ書籍がビジネスにつながるのか。著者として、出版社として、さまざまな角度から出版業界に接する著者が経験を基に、出版の現状と魅力を伝えます。

2012 年 2 月 10 日
定価　1400 円（税抜）
ISBN　978-4-7782-0214-9

◇◇

逆風の向こうに
～ある起業家が紡いだ奇跡の物語～

新賀 太蔵　著

起業とはなにか？　幸せとはなにか？

独立後に待ち受ける幹部の裏切り、資金難…そして社員の背信…。数々の困難を乗り越えた先には本当に大切な『何か』が見つかる。

逆風を乗り越え、会社と社員の幸せを追い求めたある起業家の物語。

これから起業を考える若い世代にぜひ読んでもらいたい1冊です！

2023 年 4 月 15 日
定価　1500 円（税抜）
ISBN　978-4-7782-0512-5

カナリアコミュニケーションズの書籍のご案内

2019年6月30日
定価　2000円（税抜）
ISBN　978-4-7782-0456-3

住まいの耐久性 大百科事典Ⅰ

一般社団法人
住まいの屋根換気壁通気研究会　著

日本の木造住宅の平均的な寿命はかつておよそ30年とされてきました。

しかし、近年、我が国でも住宅の長寿命化への動きが急速に加速しており、今や住宅に想定する寿命は100年が当たり前の時代になりつつあります。本書は耐久性に優れた家づくりの一助となる一冊です。

◇◇◇

2012年2月10日
定価　1400円（税抜）
ISBN　978-4-7782-0214-9

住まいの耐久性 大百科事典Ⅱ

一般社団法人
住まいの屋根換気壁通気研究会　著

好評を博した「住まいの耐久性大百科事典」待望の第2弾。今回は第1弾で収録しきれなかった住宅外皮の部位・部材・納まりの基礎知識と耐久性のポイントを充実させています。住宅業界の方々はもちろん、これから住宅購入を検討されている方々にもおススメの1冊です！